許志強【著】

二〇〇五至二〇一〇年
書評論文自選集

批評的
抵制

目　次

三輯

四輯

附錄

後記

一輯

J. M.庫切：無樂的青春

1988 年 11 月，蘇聯作家安德列・謝爾蓋耶夫到紐約拜訪老朋友約瑟夫・布羅茨基，兩個人談論文學，後者詢問道，新的小說創作中你最看重誰？安德列・謝爾蓋耶夫回答說：「薩沙・索科洛夫的《狗與狼之間》。」

約瑟夫・布羅茨基說：「薩沙・索科洛夫只是莫斯科和列寧格勒的中等水平，沒有什麼獨特的東西，新人中最棒的是庫特濟。」

謝爾蓋耶夫不同意這個觀點，他反駁道：「我讀過庫特濟的《等待野蠻人》，不喜歡，像是一個外省的卡夫卡。」

布羅茨基喃喃自語說：「莫札特如今聽起來已不如海頓了，海頓才是真正的……他那些交響樂……」

以上是安德列・謝爾蓋耶夫〈談布羅茨基〉（劉文飛譯）一文中的片斷。他們談到的那個新人作家庫特濟，就是庫切（J. M. Coetzee），──也有人譯作科特茲、柯慈，或柯埃澤等。按照 Coetzee 這個姓氏的英語發音，譯作「寇奇」似乎較貼切些。布羅茨基推崇庫切為新人當中最棒的作家，那個時候，後者已經出版《等待野蠻人》和《邁克爾・K 的生活和時代》，但還沒有創作《恥》、《彼得堡的大師》和《八堂課》等作品。

文中這場談話過去 14 年之後，庫切出版他的第二部自傳體小說《青春》（Youth: Scenes from Provincial Life II），恰好也談到了約瑟夫‧布羅茨基，頗有一番惺惺相惜的意思。那是上世紀的 60 年代初，庫切還在倫敦的 IBM 公司上班，做電腦程式編寫員，通過 BBC 電臺第三套收聽一個「詩人和詩歌」的系列節目，他聽到這個俄國人的談話，第一次知道詩人的名字。《青春》（王家湘譯）的作者是這樣描述的：

> 「黑得像縫衣針的裏面一樣。」布羅茨基在一首詩中這樣寫道。他無法從心頭驅趕走這行詩。如果他一夜又一夜地專心致志，真正專心致志，如果他能夠以絕對的專心迫使靈感恩惠降臨到他頭上，他也許可能想出什麼可以與之匹配的句子來。因為他知道他有這個才能，他的想像力和布羅茨基的有著同樣的情調特點。但是在有了匹配的句子以後，怎樣才能夠把話傳到阿爾汗格爾斯克去呢？

布羅茨基的那句詩，吳笛的譯文是——「如此之黑，彷彿處在針的內部」（參見吳笛譯：《黑馬》）。在詩人對於黑暗所做的一連串比喻或隱喻中，這個比喻也最為精彩。阿爾汗格爾斯克是蘇聯一個北方半島，當時約瑟夫‧布羅茨基在那兒服刑，因為寫詩而被蘇聯當局判刑五年，罪名是「社會寄生蟲」。對於西方的自由世界裏為生存意義而掙扎的文人來說，這個「靠魚頭和圓白菜湯活著」的勞改詩人無疑有著不同尋常的感召力。這是冷戰時代鐵幕背後一個獻身於詩歌的英勇化身。克洛德‧西蒙出版於 1997 年的小說《植物園》（余中先譯），第 73 頁的

「有一張布羅茨基的照片……」這個段落，對詩人也有過一番動人的描寫。

他們寫的是同一個事件，所知不多，但是一點點資訊似乎也足夠了。在這個伴有自我淪陷感的逐漸冷寂的物質世界中，阿爾汗格爾斯克的詩人通過電波、詩句，向人傳遞囚禁中的信念。庫切的意思是說，他接受到了從遠方傳來的資訊，但他要為自己辯護：他可能還不夠專心致志，如果他真有那麼專心，能夠為詩歌獻身的話，他相信自己也能寫出那樣的句子。他覺得自己的想像力的情調特點與布羅茨基的很接近。

庫切與布羅茨基都是出生於 1940 年，他們是同齡人。在布羅茨基去北方半島服刑的 60 年代初，大約相同的時段，庫切從南非首都的大學畢業來到倫敦，打算獻身於詩歌和文學創作，這便是《青春》這本書所要講述的一段往事。

文學是這本書談論的一個主題。或者說，在庫切這部追述往事的自傳體小說中，文學扮演主要的角色。如果減去龐德、艾略特、喬伊斯、貝克特、福特·馬克多斯·福特這些名字，這本書就是不完整的，會失去很大一部份意義。這些名字是書中的主人公仰望的星座，引導他默默無聞的生活。從開普敦輾轉來到倫敦，是朝聖者的一段旅程。他默念龐德和艾略特的教誨，像一個虔誠而拘謹的學徒，在未知的世界裏摸索。對於庫切來說，這個未知的世界具有雙重意義，橫亙在他這樣的鄉村殖民地的青年人面前，那就是倫敦這個充滿機遇的陌生舞台，還有文學高深莫測的召喚人的本質。

這兩者是分開的，但它們應該合為一體，意味著生活與創作的融合在他身上得以實現，而且是完美的性體驗與創作靈感的高

度融合。如果不是為了這一點，他跑來倫敦幹什麼？為什麼要把畢卡索奉為最偉大的藝術家？畢卡索和亨利・米勒，他們不正是已知的藝術家取得成功的楷模嗎？巴黎和倫敦的意義也在於此，為未來的藝術家提供鍛造的熔爐，提供數不清的靈感和性愛的機遇。所以說，從事藝術的人多半想到歐洲的這些大都市定居，就像亨利・詹姆斯的小說所描寫的那樣，至少也得混跡一段日子，獲得一種富有刺激性的私生活。當年的海明威和福克納也是如此。雖說福克納的記錄並不可觀，甚至乏善可陳，但他這個人確實是具有紈絝子弟的驚人天分，這一點讀過他作品的人一定不會否認。《青春》20 個章節敘述的動機，是作者對於這個未知世界的雙重詮釋。它的敘述就像一艘潛水艇在冰冷的深水裏，記錄自身的數據和外部世界的窺視。——庫切的作品原本是透過雙重性的詮釋建立它的視界，是由內向外的默默張望，一種細膩而不乏審慎的勘測，而它最終達成的效果卻是那個觀看的對象似乎更具說服力，造成外部世界對於內心的窺視。

他在地鐵車廂裏打量那些女孩。「倫敦充滿了漂亮的女孩」，「她們的頭髮從兩側耷拉下來蓋住面頰，眼睛塗黑色眼影，神態溫文神秘。最漂亮的是高個子、蜜黃色皮膚的瑞典女子，但是杏仁形眼睛的嬌小的義大利姑娘有自己獨特的魅力。他想像中義大利式的做愛會是強烈的、熾熱的，和瑞典式的不同，瑞典式做愛會是面帶笑容的，柔和溫情的」。於是他在口袋裏放一本詩集，在車廂裏閱讀，希望那些女孩因此而注意到他並且讚賞他。「但是火車上沒有一個女孩注意到他。這似乎是女孩子們到達英國之後首先學到的本事之一：對來自男人的表示不予注意」。他甚至意識到，「在英

國，女孩子對他根本不予注意，也許是因為在他身上仍然殘留一絲殖民地的傻氣，也許僅僅是因為他衣服穿得不對」。

他覺得失望的是，倫敦這座富於魅力的城市對於他似乎是關閉的。他原想過一種流浪藝術家的生活，結果卻進入 IBM 公司做了小職員，不缺乏那種在倫敦終於站穩腳跟的殖民地人的寬慰，還有那種外鄉人可憐的寂寞感，下班之後自己跟自己下棋，消磨夜晚的時間。倫敦以這樣一種方式逐漸掌握他，而他也不得不努力聽從它的擺佈，靠自己好不容易爭取到的機會，在這個仍然是未知的世界裏謀生。

那麼，他所關心的文學又怎樣呢？

在英國的六年裏他曾寫過一首小詩，還有一個短小故事的構思，這便是他在這本書裏提到的兩個值得稱道的「創作」。他通過收音機聆聽約瑟夫‧布羅茨基的詩句，感覺到來自於同齡人的鼓舞和支撐，甚至意識到自己也具有相等的才能。但是，約瑟夫‧布羅茨基在這個年齡已經取得不凡的業績，表現出他自己所說的「精神加速度」，《青春》的主人公與他相比，未免是顯得軟弱乏力。實際上不難看到，在《青春》這本充滿自我疑問的書中，有一個疑問的答案卻始終沒有出現，而它在湯瑪斯‧沃爾夫的自述中倒是出現過的。

湯瑪斯‧沃爾夫也曾到倫敦居住，從事文學創作。倫敦令他迷茫，有一天他問自己：「我為什麼會在這裏，我到這兒幹什麼來了？」在《一部小說的故事》中，這位美國作家得出的結論是，人們跑到巴黎或是跑到西班牙義大利，無非是在尋求一種逃避，「逃離開必要的嚴峻的矛盾和勞累，多少也是逃離開我

們自己精神中的懶散」；一言以蔽之，無非是在逃避寫作本身的艱巨和困惑。

庫切是如何看待這個問題的呢？他沒有說。但是，那種困惑也是顯而易見，它存在於《青春》主人公的內心之中，甚至為他日常生活的行為蒙上一層神秘而陰鬱的色彩；他不抽煙不喝酒，儀表整潔，舉止慎重，卻像是從深水中浮現出來，披戴著一個古怪的形狀。他的困難是：在很長一個時期裏，他不知道如何去做才真正符合自己的意願。

有趣的是，《青春》的主人公與其說像詩人，還不如說是像一名理工科學生，靦腆拘謹，一絲不苟，還有一種理科生的刨根究底的固執。讀者不禁要問，就算把他放到阿波利奈爾或查拉的「達達派」圈子，他能獲得認可嗎？為什麼人家在倫敦可以出入各類藝術沙龍，找到同行和朋友的支持，唯獨他做不到？他指責倫敦的精神生活已經墮落，知識界的風氣多少顯得輕佻淺儇薄，這種指責是對的，但他從南非移民來到倫敦，難道僅僅是為了來譴責這個國際文化中心的墮落？是否可以這麼說，如果能夠像他希望的那樣在這個舞台佔據一席之地，獲得他想要的東西，實際上他也是能夠接受這種墮落的？然而，從童年到青春，他的自我總是表現為一連串陰鬱而固執的拒絕，在他與世界之間是否已經插入無形的隔膜，因此而顯得格格不入？

庫切和布羅茨基不同，儘管他們都閱讀 T. S.艾略特，是從現代主義的詩歌教育起步，卻擁有完全不同的背景和傳統。布羅茨基是猶太人血統，他身後有偉大的俄國文學，有阿赫瑪托娃和曼德爾斯塔姆，還有同時代一大批為詩歌獻身的地下文學工作

者，他始終以俄語和俄語文學的傳統為驕傲。庫切是布爾人的後裔，他對南非文化的村俗氣一向抱有抵制的態度，在成為蜚聲國際文壇的大作家之後，他仍拒絕稱呼自己是「南非作家」。在本書中他談到喬伊斯，很是景仰，對於後者念念不忘愛爾蘭則頗感不滿，而他自己的態度是——「如果明天大西洋上發生海嘯，將非洲大陸南端沖得無影無蹤，他不會流一滴眼淚。」

那麼，針對湯瑪斯・沃爾夫的疑問，庫切他應該有自己的結論。移居倫敦確實是一種逃避——首先是為了逃避這個令他憎惡的祖國，希望自己永遠不要回去。《青春》的後半部則告訴讀者，他還想走得更遠，甚至要逃避階級和身份，逃避等級和自滿，希望自己能夠像貝克特那樣寫作。

這個人似乎無家可歸，在倫敦積雪的街道踽踽獨行，凝視自己的生活如同看見鏡子裏一個晦暗的映像。是殖民地的孤兒，但也是出於自願。並非是他比別人更加聰明或更加誠實，而是他擁有對於青春和藝術的直覺，知道自己想要什麼，最希望得到什麼，而那些善於稀釋自己直覺的人絕不會是真正的藝術家。他知道只有在像倫敦這樣的大都市裡，才會得到那種神秘的際遇和性愛，使藝術的激情臻於完美，也使鏡中那個陰鬱的形象最終獲得神聖的意義，或者說，獲得地獄和煎熬的一種報償。

庫切的《青春》是一部耐人尋味的作品，寫得非常成熟也非常生冷，藝術上已經達到不俗的造詣，經得起再三重讀。它不同於達利或聶魯達等人的自傳，從感性的洞穴裏吹出蠱惑人心的精神風暴，即便是鬆散的段落也照樣灌注元氣。在庫切的這本書中找不到孩子氣的渲染，也不會有內在的張力鬆懈的那一刻。他用第

三人稱寫作自傳，建立一種回憶和傾聽的模式，使得敘事的場景
（scenes）在過去的回憶和現在時態的敘述中流入流出，取得某
種孤獨地傾聽回聲的精巧的效果，顯得別具一格。這便是《青春》
和《男孩》（Boyhood，文敏譯）兩部自傳體小說所使用的手法。
而它們在寫作上的特色還不限於此。

　　所謂「自傳體小說」，其實是一個頗為曖昧的文類。它有任何
自傳都不可避免的自我虛構，也加入小說對於實際經驗的虛構。讀
者又難免把它當作是作者生活的忠實紀錄，認為是所有文類中最少
虛構性的一種敘述。我們談到《男孩》或《青春》的主人公，認為
他就是庫切，好像這一點無需質疑，是理所當然的。從閱讀的方式
講，讀者確實也認可這種文類的曖昧屬性，似乎沒有必要去刨根究
底。超現實主義或浪漫派作家的幻想和戲劇性，往往是自傳文學中
富於魅力的部份，哪怕有些誇張，也是讀者樂意看到的。如果說庫
切的自傳讓人多少感到意外，甚至有些疑惑，倒不在於它們是否符
合實際，而是這些事蹟竟如此的平淡瑣屑，缺乏光彩。可以說，自
畢卡索和亨利·米勒以來，庫切的流浪藝術家的經歷如果不算是平
庸乏味的，至少也是單調灰暗的，與讀者的期待並不相符。這樣的
「青春」毫無歡樂，它被剝去了閃亮的表層，露出充滿疑慮的內核；
撕扯並獨自啃齧它的內部糾結的硬塊。

　　他描述都市的際遇和性愛。書中的主人公並不缺少豔遇。他
在沙龍裏結識一名女孩並與她約會——「他對她赤裸的身體的勻
稱的線條和象牙般白皙的皮膚感到十分驚異。他心裏在想，所有
的英國女人脫去衣服都這麼美麗嗎？」「他們赤裸著擁抱在一起，
但是他們之間沒有熱情；而且很明顯，熱情也不會再增加了。最

後女孩退縮了，兩臂交叉抱在胸前，推開了他的手，默默地搖了搖頭。」「他可以努力說服她，誘惑她，勾引她；甚至還可能成功。但是他缺乏這樣做的勇氣。畢竟，她不只是一個具有女人的直覺的女子，而且還是一個藝術家。他要把她吸進去的不是真貨——她肯定知道這一點。」而他也知道，他沒有辦法對自己掩飾。這是一個無聲的判決，豈止是讓人尷尬而已。

他描寫自己作為誘惑者的一幕：和他表妹的女友做愛，那個女孩血流不止，床單、地毯上到處是血。把她送走之後，居然不再過問，事後連個電話也不打給她。他發現自己的內心怯懦而陰暗。這類髒污的細節是庫切的作品中不會輕易放過的。

《青春》詮釋文學和生活的雙重世界，它的詮釋也包含作者逐漸意識到的兩種失敗，令他難以釋懷。其一，他或許成不了他想成為的詩人，像約瑟夫·布羅茨基或埃茲拉·龐德。他打算轉向敘事類的寫作。從詩人變成散文作家，預示著日後的發展方向。他也意識到這個選擇的性質：「散文私下是不是就是這樣：一個次好的選擇，衰退中的創造精神的一條出路？」其二，他似乎也不適合在追隨潮流的大都市裏居住，或者說，他無法完成對於「青春」歡快的詮釋。第 14 章的結尾部份，年輕的主人公躺在郊外的草地上睡著了；半睡眠狀態中獲得類似於惠特曼那樣的啟示，——草地、陽光、小鳥的頌歌，「宇宙狂喜的結合」。這也將意味著生活方式的某種選擇，從城市的中心退出，從他不願放棄的眼前的世界中退出，或許也是從富於激情的私生活中退出，成為一名隱居的作家。

這樣的失敗儘管苦澀、無奈，卻不會是轉瞬即逝的現象，而是與孤立的個體逐漸意識到的某種命運有關。庫切借助於回憶和傾聽的模式來講述他的生平故事；他在傾聽之中不斷的提問，不斷擰緊或退出螺絲，鑽探那些故事的內核。《青春》幾乎每一頁都出現排比式的問號，構成它寫作的一個特色。

這種看似單調灰暗的故事，又何嘗代表它們原先固有的形態？沒有沾沾自喜的誇飾，沒有戲劇性，沒有安慰，沒有歡樂，甚至也好像是沒有虛構。這個觀念形態的拒斥和逆反，這種精緻而不動聲色的破壞，實質意味著舊秩序的一種消解；故事的寫作伴隨它解除俗套的過程，使得相關的概念也都處在初始的定義之中，讀來十分新鮮——詩人、青春、性、自我、城市、自傳體小說，流浪藝術家、殖民地人等等。

庫切以這樣一種方式執著於青春陰鬱的記憶，使之變為不同尋常的詮釋。他的寫作也試圖說明：藝術的要求總是高於生活，或者說，藝術的本質也是要反對生活。誠如《青春》中所示，他希求的是照亮內心黑暗的那一絲熾熱，而非生活的熱情。這種近乎冰冷的熾熱與氾濫的熱情之間確實是存有一條界線，而這也多少顯示庫切作為北方人的祖先遺傳的氣質，體現在他的創作之中。他沒有「猶太文學」那種苦澀而欣快的喜劇感，寫到可歎可憐的場面，他的敘述紋絲不亂，字裏行間則有著使人意會的潛在的冷嘲，總是內斂，平靜，一針見血，留下委婉而辛辣的回味。

主人公那種冷酷的敏感也給人留下印象。《男孩》中還是一個學童，他就已經具有這樣的性格了。拒絕溫情，也不給自己更多的憐憫，像是獨自忍受自身的凝固或融化。這個形象的冷漠貫穿在兩

部作品當中，幾乎沒有變化。而這仍然還是體現狹義的詩人對於世界的態度和觀察，並非是出於敘事作家的遊戲或想像。庫切將平淡瑣屑的故事提升到他的世界觀和精神生活的層面來觀照，賦予其內在的活力。這種敘述的耐人尋味的意義還在於，它進入孤島（魯濱遜的隱喻）的未知生活的界定，保留它的刻骨銘心的洞察。

從他的寫作中確實可以看到貝克特的歐陸散文的影響。這種聯繫是很密切的。在開始寫作的那一刻他便將生活原有的形態剝離，由一個個的場景（scenes）組成敘事的主體；場景的邊緣反射白光，產生輕微的恍惚和暈眩感；這些故事的外延，則是平滑的金屬鋁制板那種缺乏變化感的靜止和延伸，顯示生活遭到無盡解體的一個世界。

《男孩》的結尾，讀者看見死去的安妮姨婆伸在被單外面那難看的腳趾和長長的黑指甲。還有《青春》的那個印度移民甘納帕西，他脆弱邋遢，躺在公寓裏挨餓，等著救護車的擔架來把他抬走。《男孩》和《青春》的結尾如出一轍；它們彈撥並聆聽的是同一個和絃。從殖民地的小城到倫敦郊區，安妮姨婆和甘納帕西，他們是流落在這個世上的疲憊、失敗和孤獨的同類。他們也是作者的一幅孤淒的鏡像。

2008 年 1 月 9 日，杭州

（庫切：《青春》，王家湘譯，浙江文藝出版社 2004 年）

此文原載於《書城》2008 年 5 月號

入選《2008 年中國隨筆年選》

老年 C 先生與「小故事」寫作

——讀庫切新作《凶年紀事》

　　《凶年紀事》（2007）的文本分割爲論說與敘事兩部份，主角是那位垂垂老矣的作家，說他是庫切本人似乎也未嘗不可。論說文部份是庫切以他的作者身份在說話，尤其是第二編「隨札」富於自傳性，點明其老作家的身份，而在有關於安雅的故事中他是 JC 或 C 先生（庫切姓名的縮寫），以那具衰弱無能的肉體現身，告訴我們寫作「危言」和「隨札」的那個人，他在現實中所處的狀態。

　　題材的選擇倒也是合乎常理，寫老年生活。作者本人已步入老年，他在經驗的可能性縮小的範圍內觀察自我；在一個縮減的背景（塔樓）之中講述自身的現實，而所謂的現實或許更多的是意味著肉體上的羞恥和不便，公寓積塵和蟑螂的氣味，銀行裏那幾百萬似乎失去用途的美金，再就是……對於他者的默然注視。如果碰巧遇見一個姑娘，春天午後穿著番茄紅連衣裙的姑娘，亮麗而性感，他的反應怕也不過如此，慾火中燒但無能爲力，包含著老人漸漸學會的控制肉體的方式，以一連串低微的自言自語調解這種反應，一種對於生理的輕快而不乏乾澀的嘲笑，轉化爲孤獨的綺思淫念……

鑒於庫切晚近的作品圍繞著老年人的形象展開，《八堂課》（2003）和《慢人》（2005），還有這部《凶年紀事》，故事地點都是落在澳大利亞，作者晚年安家落戶的地方，不妨把這些作品視為一個系列，稱之為庫切的「老年三部曲」。它對於題材的持續性關注，與作家本人的境況吻合，而它的貫串並且逐漸加強的主題卻並不只是等同於一種經驗。《慢人》老單身漢醒悟的痛苦，在《凶年紀事》中泛起漣漪；這種痛苦使人明澈也使人絕望，恰恰是對經驗的一種抽離，回歸於靈魂沒有庇護的黑暗；套用華萊士・斯蒂文斯一首詩的題目，那就是──「如何活，怎麼辦？」可以說，它構成「老年三部曲」的主題。這個主題無疑是陰鬱的，彌漫著幻覺、愁思和心理上的過度猶豫，但是，小說家庫切的簡潔從容的構想力（在《慢人》中已顯得頗有餘韻），他對於精神危機的平穩而精確的誘導，並且總是不斷地回溯到一個思考原點的做法，是值得注目的。

認為文學是將特定的題材儲存起來僅供特定的階段使用，而作家對於老年境況的描述不過是一種適時的記錄，除此之外也就沒什麼好寫的了，以這樣一種自然主義的眼光來看待《凶年紀事》的創作，恐怕是不夠的，雖說該篇所嵌入的種種自傳性暗示，會誘使讀者得出這種看法。而讀者的疑慮恐怕還在於，老年人乾癟的經驗會讓這個故事沒有前途。歸根結底，我們是生活在一個崇尚年輕的亞文化氛圍之中，它強調活力和快感，排斥痛苦和衰老，而今天包括 C 先生在內的老人的蠢動和慾火，從這種狂歡的氛圍中不也是可以找到一點注腳麼？再說，老人自言自語的情慾和困惑能給人帶來什麼呢？如果人們對此缺乏興趣，倒不完全是因為缺乏同情和關懷，而是因為這個會比較乏味。

　　在《凶年紀事》中，年逾七旬的老作家 C 先生雇傭鄰居安雅替他謄錄文稿，他的用心不過是想趁此機會接近這個姑娘，用他自己的話說：「我打量著她，心裏滋生著一種痛感，一種形而上的痛感，爬遍我全身，讓人無法自已。」（第 6 頁）安雅性感的身體讓人情不自禁，而 C 先生說，我有一種「形而上的痛感」。這是一個詼諧而美妙的說法，可以用作警句。但這也是一種讓人略有些摸不著頭腦的感覺，什麼叫做「形而上的痛感」？是指一種抽象的痛感？難道痛感是抽象的麼？抑或是指稱一種永恆的、不變的、本質的渴求？C 先生描述他在洗衣房裏與安雅相遇，將後者的到來視為一個「奇幻的景象」，並在心裏喃喃自語：「莫非你突然降於塵世？」（第 5 頁）這種由俗套的詩歌隱喻（例如但丁的隱喻）而強化的認知，事實上，是給這個故事的敘述打開了一扇門。

　　蘇珊・桑塔格在《反對闡釋》中指出：「許多現代小說的核心意識是其中作為一個小說人物的作家的意識。」（第 276 頁）C 先生作為故事裏的一個角色便是承載著這樣的意識。他接近於作家本人，或者說他是庫切身為作家的那個自我。問題不在於他的年齡是否比作者的實際年齡大幾歲，他的孤身獨居是否與作者真實的情況相符，而是在於他的獨白、隱喻和分析的語言，他對於情慾和孤獨的模棱兩可的看法，還有那些在語言之中不斷漂浮的意念，控制著這個故事的敘述，使之成為作家的自我可以深入感知的一種存在。

　　現代小說的傑出代表，例如威廉・福克納和加西亞・馬爾克斯，他們的寫作同樣也是屬於這個範疇，沒有把線性的故事交給情節的自身發展，而是主要交付給語言，也就是說，是一種語言的獨白、隱喻、聯想及分析過程的編織。如果說現代小說的語言

試圖接近於詩歌的範型，其目的肯定也不僅僅是要讓敘述的語言變得更美、更簡潔，而是跟作家自我意識的孕育變化有關。某種意義上可以說，這是代表著孤獨個體的反思性意識，也是由批評的觀念所激發的情感，其變化主要還是取決於作家與社會現實的對立，而非取決於和諧。

從這一點來講，C 先生寫作那些論說文（「危言」和「隨札」），採用的是與其身份相符的那個視角──純世俗的批判性視角，這讓安雅謄錄文稿時看得呵欠連天（「他寫的東西全是政治……真是太讓人掃興了」）（第 21 頁），因為她知道，自己不過是一個漂亮而實際的女性，需要的並非是與現實對立。她在老人面前展示誘人的身材，並不知道「莫非你突然降於塵世」這句話的意義，更不懂得什麼叫做「形而上的痛感」，憑著經驗和本能，她知道這是她鬥爭的武器──誘惑性的展示，然後是誘惑性的索取。C 先生的文論對於她沒有吸引力，而她在老人面前的展示也只是出於性感，別無目的。安雅的出現使人感到 C 先生的枯索與封閉，相比他在文論中咄咄逼人的批判力，他對這個姑娘的癡迷只是內心的一種虛無波動的思緒。在我們以為多少會發生點什麼的故事中，他們之間其實什麼都沒有發生，除了綺思淫念的撩撥以及相互間的一番猜測，他們在肉體上不可能走得更近了。

安雅的猜測：「他從烘衣架上偷了我的一條短褲，這我可以肯定。我猜他在我離開後就解開扣子用我內衣裹住自己那玩意兒，閉上眼睛把我美豔的形象召喚回來，讓自己達到高潮。然後繫上扣子回到約翰・霍華德和喬治・布希那兒，那都是惡棍。」（第 39-40 頁）

　　而 C 先生的表現說來也就是故步自封。他對安雅說自己不會做什麼出格的事。「我不相信自己會做那樣的事情。現在來做也太晚了。在我這樣的年紀如果還要出軌翻車，那就沒有時間重新做人了。」（第 63 頁）

　　這個常態的局面中，敘述卻反而顯得細膩。C 先生到底還是一個極有教養的人物，而安雅也是個正直的姑娘，有同情心和自尊心，只是好像很難說清楚，這是原本就這樣的呢，還是他們倆相處之後的一種結果？安雅不喜歡 C 先生的文章，這讓後者更顯得誘惑乏術，可他的被動無能難道真的就沒有一點傾向性和吸引力？這位憂鬱的老人不是比粗俗的艾倫更使人牽腸掛肚嗎？安雅不承認 C 先生已經影響了她，但是隨著故事臨近結束，這種影響似乎又是無處不在的；安雅的獨白和 C 先生的獨白分明是融合在了一起，變成有關於死亡與永恆的一種絮語……安雅說：「我曾是他愛戀之人──他那種老年人的愛戀，這種事情只要不是太過分我根本不介意。我是他的秘而不宣的詠歎調秘書，我曾這麼對他說（只是開玩笑），他從來沒有否認過。如果我留心傾聽，也許在溫暖的春夜我會聽到他低吟的愛情歌曲從電梯井裏傳了上來。他和那隻大黑背鍾鵲。『憂鬱先生』和『黑背鍾鵲先生』，情愛與悲苦的二重唱。

　　我會飛往悉尼。我會這麼做。我要拉住他的手。我不能和他一起走，我會對他說，這有悖常規。我不能和你一起走，但我將拉住你的手一直抵達門口。在門口，你可以鬆開我的手，給我一個微笑，向我表明你是一個多麼勇敢的男孩，隨後乘筏而去，或是踏上載你而去的任何東西。我會握住你的手一直到門口，我會為此而感到驕傲。」（第 171-174 頁）

老人變成「乘筏而去」的男孩，妓院的迎賓接待員學會了聆聽那「從電梯井裏」傳來的「情愛與悲苦的二重唱」，這是一幅略含幽默的變形的圖畫。好像情慾的毒素已被剔除，純潔的情感之光照進這個黑暗的空間。小說到這裏結束，情節始終沒有背離常規，但是三個人物的位置關係已經變動，主角 C 先生虛妄的意淫在情感的確定性之中獲得轉換，承認人與人之間的心靈和訴求的永久力量，而所謂的「老年的無能」也得到了某種肯定的詮釋，這是故事中切入的關鍵一筆。在庫切極為悲觀的作品中，這樣的結尾是不多見的。

庫切創作的變化與持續，實質也是在解答這樣一個問題：「怎樣才算是一個好故事？」雖說現代小說的形式規範已經變得無法界定，但是人們對於小說的閱讀仍包含著相對普遍的心理，有一些具體的認同和期待。讀安雅的故事時，我們不是一直都希望她和 C 先生弄出點什麼來嗎？他們之間的年齡、身份和文化趣味的懸殊，始終包含著一種有趣的張力，似乎導向於更富刺激性的暗示，結果是作者並沒有這麼做。他有自己的考慮和推導的方式。《凶年紀事》的文本具有典型的「後現代」特點，論說和敘事之間嵌入互文性關聯，使得主角和作者身份之間的關係變得微妙，但是作者既不作道德主題的解構，也不以形式的先驗涵義來暗示形式。它的故事的構架很小，也容易流於自然主義的記述，或是「極簡派」那種瑣屑的抽象。庫切寫作安雅的故事，借助於文本內部的互文性關聯，為小說中的人物關係襯底著色。他把一個小構架的故事推入到有關於性、死亡和末世論的終局體驗，使之涵容時代的氣息，回應我們這個時代的社會和文化的諸種遭遇。

此種關注及表現的方法，也令人聯想起索爾‧貝婁的創作。早在其處女作《幽暗之地》中，庫切借人物尤金‧唐恩之口已做了概括，他認為《赫索格》的作者「在書裏把玩的遊戲」，便是「通過鏡子賦予小說獨白一種真實世界的氣息」（第 53 頁）。安雅故事的精緻簡短與赫索格故事的繁複奔湧恰成兩個極端，但是某種處理是相近的，即通過個體的自我意識的鏡像來傳遞現實的反映。獨白不是自戀的傳聲筒，它是濃縮現實的多棱鏡的折射。

安雅的故事很短，捨棄論說部份而分割開來怕難以單獨成篇，至少艾倫在答謝酒會上那一番尖刻的駁詰就會失去襯底了，而這個部份是情節的高潮，所利用的是觀念鬥爭的力度。儘管我們能夠理解作者別出心裁的佈局和用心，有時仍不免會想，《危言》和《隨札》其實本可以單獨成書，這些言論就算是寫得再精彩，也不會對敘事有實質性的幫助，而作者本人想必也不會滿足於寫一個小篇幅故事（很難說它是屬於 novel 還是 short story）。這麼寫算是一種進取和攀登嗎？如果作家不再緊張了，他工作的激情和力量是否會流失？或者換個角度看，我們感到日益熟悉信賴的「庫切語言」或「庫切態度」，是否也是一種趨於程式化的表現，就像是反覆推敲的「遺囑」那樣，代表著某種冷卻的情感和固執？

C 先生對安雅說：「小說？不寫了。我沒有更多的耐性了。要寫一部小說你得像阿特拉斯那樣，在你工作期間，得把整個世界扛在肩上，要扛上幾個月甚至幾年。就我如今這個狀況來說已經吃不消了。」（第 55 頁）在《隨札‧寫作生涯》中又說，作家邁入老年後會出現創造力消減，此種跡象是意味著「體能衰退」，「更重要的

是慾望的強度不復當年」，但是另一個方面，這也意味著某種「解放」，使人獲得一副「清澈頭腦」（第 154 頁）。

這樣的辯說在米蘭·昆德拉的書中也可見到。C 先生宣告說「不寫了」，這會讓人想起大江健三郎好幾次自食其言的宣告。C 先生的一番說法，總的看來既讓人覺得坦誠，也讓人覺得智巧。我們回過頭看這本編排獨特的《凶年紀事》，它用之於「小故事」的抽絲剝繭的那份餘力，似乎很難斷言，作家的寫作其實已經窮盡，陷入到冷卻的僵局之中。

也許老年就像病態、歧視、異化、孤獨和痛苦一樣，是思想深刻的作家所偏愛的題材。也許老年本身就是寫作的一個隱喻，是對這個行當的一種隱喻性的認知。它意味著人的生活趨於終結，語言的仲介意義變得有限，對於語言的依賴逐漸加深。好像除了對回味的回味，不再有什麼滋味。除了表達的精確和智慧，不存在什麼更有意義的交流。人們因此也不應該只是從題材的角度來看待撒母耳·貝克特，而是應從神性的角度來看待他對外部形相的描繪，他寫貧窮、失敗和沒有歸宿，寫他的無可寫之寫。如果老年就像庫切和米蘭·昆德拉所說的那樣是一種「解放」，那麼它也是在人的「非存在」意義上擺脫禁錮，是在激情和時間未曾抵達的那個地方悄然綻放。

C 先生說，我有一種「形而上的痛感」——「莫非你突然降於塵世？」這瞬間的幻景猶如清風徐徐吹來，觸及彼岸凍結的激情和時間。老人的慾念和思維，衣服上的臭味，公寓的積塵和蟑螂氣味，這種敞開的陰鬱的描寫能夠啟人心智。它告訴我們，一個好的故事總是從語言及思維的內部激起靈感，是由內向外地窺見現實被遮蔽

的狀況；它不應該以市井趣味和時尚觀念為依據，而是要去暴露並且抒寫現實盤踞的痼疾；再就是，像艾倫試圖用電腦軟體盜取 C 先生的銀行帳戶，或者像安雅偷偷搜查老人的《俄羅斯套娃》和私密物品，它把現實置於懸疑和好奇的鼻子底下，兜底翻查，不肯遺漏，哪怕這只是一個「小故事」的寫作……

庫切新作《凶年紀事》是一個涵義豐富的作品。「危言」充滿火力，「隨札」勾染語境，「安雅的故事」則令人回味。書寫及編排顯得別具一格，將論說與敘事以分欄形式排列在同一頁面上，這種嘗試也會讓人想起克洛德・西蒙的《植物園》（1997），可以說是一種讓閱讀的視網膜重新調適的印刷術。但是庫切不像克洛德・西蒙那樣，以更為複雜的碎片鑲嵌藝術處理單位頁面上的空間，使得句子和段落富於圖像的可塑性。他的文本作用於視網膜的意義要小得多；用分割線將頁面的文字隔成幾欄，並沒有打破線性閱讀的習慣，大體上我們仍是先將上面的論說文讀完，再去讀底下的故事。美國《村之聲》的評論認為，這是巴赫的複調藝術（counterpoint）的出色運用，或是像《星際迷航》的史波克先生玩的「三維棋」。

不過，從文本的閱讀來看，這恐怕還是出於傳達反思的互文性考慮，包括形式上某種詩化效應的關注。例如，敘述部份的處理比傳統的意識流獨白更為簡切；分割線省略了交代，單位頁面上的排字量減小，也使安雅篇幅不長的故事伸展開來，加大句子和細節的分辨度，獲取詩歌那種分行轉折的同等效應。安雅的故事進入到兩個人物的獨白，由兩欄變成三欄，有時跳出空白欄，造成並置、跨行和慢讀，這些處理可以讓人感覺到現代藝術的興趣，標明其人工製品的實驗意味，從中亦可窺見作者早年耽讀埃茲拉・龐德所留下

的痕跡──頁面留下空白欄，就像是對《華夏集》和《詩章》中「寂音」效果的輕微而虔敬的迴響。

2008 年 12 月 20 日

（J. M.庫切：《凶年紀事》，文敏譯，浙江文藝出版社 2009 年）

此文原載於《中國圖書評論》2009 年第 3 期

無家可歸的講述

——讀庫切《夏日》

　　庫切的《夏日》講述這樣一個故事：庫切死後，有人想要搜集材料為他寫一部傳記；這位傳記作者與庫切素昧平生，他從死者遺留的筆記中找到若干線索，開始一系列採訪，從加拿大安大略省的金斯頓到南非的西薩默塞特，從巴西聖保羅到英國謝菲爾德和法國巴黎，採訪死者的情人、表姐和同事，試圖構建 20 世紀 70 年代初庫切在南非的一段經歷。那些生前友好提供的證詞，逐漸形成庫切早年的一幅肖像，那是一個幽靈般的存在，邋遢孤單，局促不安而且自我封閉，是一個不知如何與情人相處的書呆子，似乎隨時要透過肖像的邊框逃逸出去，抱臂獨坐在灰暗角落。《夏日》帶來的這幅陰鬱而略帶滑稽感的肖像，便是庫切想像自己死後如何進入別人講述的一種描繪，也可以說，是從死亡的暗房裏沖洗出來的一捲水淋淋的膠片；只不過捏著底片的還是活人的手，其實是庫切自己彎曲的手指尖。這幅看似容易滑落的肖像——庫切寫庫切死後關於庫切的傳記，未嘗不是一種機智的筆墨遊戲。此種構想也許很多人的頭腦裏都曾出現過，但從我們有限的閱讀來看，真正形諸文字的還是庫切這部新作。

　　《夏日》於 2009 年問世後，大西洋兩岸的英語評論界即刻給予高度關注。《時代》文學增刊稱其為「過去十年裏庫切的最佳作品」。《紐約客》的文章認為：自《恥》之後他還從未寫得如此峻切而富於情感。人們稱讚這部自傳體小說寫法「聰明」、「機巧」，「打破了回憶錄的體裁界線」，是「對生活、真實和藝術的嬉戲沉思」，也是「對何謂虛構小說的一種重新定義」。若干有影響的書評，幾乎通篇都在談論這部作品的構建，它的敘事形式和視角，也就是它作為自傳類作品的「非常規寫作方式」所產生的效應。從《夏日》別出心裁的文本構造來看，讀者的這種關注也是自然的。

　　該篇副標題是「外省生活場景」，與作者另外兩部自傳小說《男孩》和《青春》的副標題相同。讀過《男孩》和《青春》，再來看《夏日》，這三部作品在時間上大致構成一個系列，從孩提時代的南非小城伍斯特到青春時光的開普敦和倫敦，現在又回到開普敦，主人公三十來歲，如標題「夏日」所喻指的，正是歲月成熟的季節。《青春》中漂泊異鄉、迷茫孤獨的文學青年，終於在開普敦出版了第一部小說，圓了他的作家夢。照「自傳三部曲」的傳統看，新作提供的是續篇也是終篇；這個系列的寫作似乎可以結束了。至少，《青春》內在的懸念已經部份得到解決。試圖成為一個作家或最終如何成為一個作家，這是銜接前後兩部作品的懸念。《夏日》所要做的無非是延續這個內在的敘事動機，給予實質性的描繪和交代。我們看到，這一回主人公已經不是那個叫約翰的男孩和青年，而是「當代著名作家約翰・庫切」；第三人稱隱約其辭的交代，這個模式已經放棄，代之以明確的自我指涉，不少地方甚至出現了蓋棺論定的調子。它表達的是一個成熟作家的世界觀，像是給仰慕他的讀

者提供必要的提示和解答，包括他對政治和社會的看法，對生活和命運的審視，對自己的作品及創作個性的評價。作家得以公開談論自我，從其筆尖收回遠距離的觀察，使得往事不再像迷霧中的暗流那樣難以真正觸及，而是像一面「重現的鏡子」，在同一時間中彙聚並試圖展現它的全貌。

敘述的重點是落在 1972 年至 1977 年庫切在南非的一段生活。為什麼單單選擇這個時期來寫？按照書中那位傳記作者的說法，因為「這是他生活中一個重要時期，重要，卻被人忽視，他在這段時間裏覺得自己能夠成為一個作家」。此外，20 世紀 70 年代正是南非種族隔離最嚴酷的時期，從社會歷史的角度看，選擇這個時期來講述自己的故事，應該有更多的內容可以談。既然寫的是一部傳記，那麼傳記提供事實往往比提供觀點更吸引人。庫切是那種通常被認為是缺乏生活的學院派作家，也就是所謂的知識份子作家。這類作家會對馬爾羅、索爾仁尼琴之類的人物倍感興趣。《夏日》開篇提到的南非詩人布萊頓巴赫，便是一個頗為有趣的人物。此人拿南非總理沃斯特的床第之事寫作諷刺詩，被關了七年監牢，遊走於南非和巴黎之間，在私生活、寫作和社會活動中都異常活躍。如果說詩人布萊頓巴赫還不能算是庫切崇拜的偶像，至少也應該是後者羨慕和思量的對象。某種意義上講必定就是如此。而庫切的《青春》已經讓我們領略到，他游離於這個世界的邊緣，所提供的事實既不雄辯，也較為有限；書中講述的生平事蹟，以類似於雕刻刀的減法構成客觀性的某種見證。其言下之意是，只要作家的審視是誠實的，則其陳述的事實哪怕有限，也不失其可貴的力度和價值。身為作家，庫切對此一向抱有充足

的信心。他的每一個篇幅不長的作品也都在證實這一點。但是，作為一個人，在特定環境中生存的人，他又如何面對自己？如果他與女人的相處並不成功，在親友中遭到奚落，而且顯然還難以超脫生存的壓力和恐懼，過著一個貧困知識份子的生活，這個形象自然是無法給自己提供慰藉，那麼，選擇他作為傳記的中心人物，究竟是出於一種藝術表現的需要，還是僅僅緣於一種誠實的自我寫照？

　　閱讀《夏日》，讓人產生類似的思考。這也關係到此書別具一格的文體和視角。真實的庫切和書中的庫切，兩者的關係多少有些微妙。針對自傳體小說這種較混雜的文類，庫切的寫作總是突顯其人工製品的性質。較之於《男孩》和《青春》，新作《夏日》無疑是做得更為露骨，或許，也是做得更為審慎。

　　「他在事實的面紗之下悄悄放進虛構，」一位英國的書評家如是說。「他把自己的姓名、歷史面貌、國籍和職業生涯都給了他筆下的主人公，但是有些關鍵的細節並不準確。例如，小說中極為重要的一點是主角沒有結婚，一個不合群的近乎性冷淡的人，而事實上在此書描寫的 1972 年至 1977 年那個時期，他有婚姻並且育有一子一女。」庫切的前妻和孩子在這本書中消失得無影無蹤。讀者自然要問：「虛構背後應在何種程度上關乎真實？虛構應在何種程度上照亮真實同時又隱藏真實？……」顯而易見，我們讀到的《夏日》是一部「小說化的自傳」（fictionalised memoir），或者說是一部偽自傳。作者對此絲毫未加掩飾。此書的主體部份由五篇訪談組成，沒有一篇是真實的；這些訪談記錄，加上兩篇註明日期及未註明日期的零散筆記，都是未經編輯的所謂原始材料，其中有兩篇還聲稱

是從其他語種（葡萄牙語和阿非利堪語）翻譯過來，構成《夏日》的敘事。作者試圖以虛構事實的方式觸及真實，借助他者的主觀性追溯歷史，在自我陳述和客觀性面具之間保持平衡。此種話語方式的機巧，把小說家的虛構及其對敘事的操控暴露無遺；所謂的自傳便成為含有自傳性的虛構作品，而「重現的鏡子」則是一面破裂的鏡子，通過碎片拼湊映像。書中那位傳記作者解釋說：「我們都是虛構者。我不否認這一點。可是你覺得哪種情況更好些：由一個個獨立的視角出發來建構一組獨立的敘事，使你能藉以分析得出總體的印象；還是僅由他本人提供，大量的、單一的、自我保護的材料來建構一種敘事更好呢？」

　　庫切寫作自傳的觀點，令人想起約翰·伯格關於小說創作的那句名言：「單獨一個故事再也不會像是唯一的故事那樣來講述了。」小說的寫作是如此，生平故事的寫作也是如此。《夏日》將自傳故事納入小說文本的建構，包含作者對於敘事真實的一種審慎處理；反映的是現代小說的寫作觀念，與傳統史詩敘事相對，源自於福樓拜、喬伊斯、紀德等人所倡導的現代小說意識。本雅明在《小說的危機》一文中指出：「小說的誕生地乃是離群索居之人，這個孤獨之人已不再會用模範的方式說出他的休戚，他沒有忠告，也從不提忠告。所謂寫小說，就意味著在表徵人類存在時把不可測度的一面推向極端。」本雅明還引用盧卡奇的說法，認為現代小說代表的實質是一種「先驗的無家可歸的形式」。那麼，將小說家的自傳與虛構混合起來，難道只是出於一種玩弄形式的考慮嗎？庫切在《夏日》中把自己塑造成離群索居、無家可歸的人，從其真實的履歷表上減去婚姻這一項，通過適度的虛構加工，從而將人物的孤獨與其存在

中難以測度的那一面更為清晰地聯繫起來，這麼做也是頗為耐人尋味的。

　　作家表述其孤獨的存在，有別於常規的處理，而且也打破了讀者的預期。是的，《夏日》的主旨是講述作家成長的故事，對於如何成為一個作家卻講得不多。開篇描述南非種族隔離的悲劇，寥寥幾筆，傳達出那個時期近乎凝固的政治氣氛，但書中對種族隔離的描寫未作主題性展開。此書的主題是指向作家隱秘的私生活，也就是中心人物體內的「性」，確切地說，是他體內的「中性」、「去性」或「無性」。

　　通過〈朱莉亞〉、〈瑪戈特〉、〈阿德里亞娜〉這三個故事，我們讀到的正是這樣一個多少有些尷尬的主題，而在其他作家的自傳或傳記類作品中，還從未出現過類似的描寫和提示。例如，君特·格拉斯的《剝洋蔥》，阿摩司·奧茲的《愛與黑暗的故事》，其性欲的描繪多半是自我充盈的。相比之下，《夏日》的主角更像是一個處在更年期的鰥夫。這倒不是說此人的性取向有什麼問題，有某種古怪的癖好，或是一個天生的厭女症患者；這些都不是的。他做過鄰居朱莉亞的情人，追求過舞蹈教師阿德里亞娜，與同事索菲也是戀人關係。像任何一位年輕男子，他有愛與被愛的需要，樂於扮演想像中的唐璜角色。人物的古怪並非出於反常，一定程度上也是緣於某個評價框架；而在那個反覆出現、類似於社會評估的框架中，他的存在令人失望，成了女性眼中的「中性人」，似乎難以激發她們的熱情和性趣；他的孑然孤立的形象總之帶有幾分灰暗和滑稽。

　　朱莉亞、瑪戈特或阿德里亞娜，她們都是這麼看待他的。在和朱莉亞的情事中，庫切更像是一個無聲的影子伴侶；而在荒野中度

過的一夜，使瑪戈特對這位渾身沒有一絲熱氣的表弟隱隱產生憐憫；對於舞蹈教師阿德里亞娜來說，她感到被這樣一個書呆子追求簡直莫名其妙。這位總是不忘記詩歌、舒伯特和柏拉圖理念的單身漢，他對女性的追求，有時也讓人有些哭笑不得。隨著故事的展開，我們品嚐到這些故事所蘊含的一種特色：古希臘英雄那種駕馭生活（其實也是駕馭女性）的傳統在庫切的這本書中徹底流失；故事的主角（英雄）來回穿梭，出現在不同女性的講述之中，事實上他已經由主角變成了配角，而且，這種被動的性質多少顯得有點兒幽默。

傳記的主人變成了傳記的配角；故事的講述與庫切相關也經常偏離視線；這篇專注於自我的敘事便逐漸成為積累不同側面的小說。朱莉亞的中產階級隱私，瑪戈特的家族農莊，阿德里亞娜的底層移民背景，還有〈馬丁〉和〈索菲〉這兩個章節中的學院小景，串聯起 20 世紀 70 年代南非社會的一幅圖景。庫切作品中的不少人物和母題，也重新匯入《夏日》的敘事。開篇〈1972 至 1975 年筆記〉中，描述暴力的氣氛和遺世獨立的選擇，包含著《邁克爾·K 的生活和時代》的主題；〈瑪戈特〉講述的女主角對這片土地的認同，也是《恥》中出現的主題；還有《內陸深處》、《青春》、《男孩》等篇，縈繞於「外省生活場景」的種種插曲，讓人記憶猶新。《男孩》對百鳥噴泉農莊的描寫，像夏日清澄的空氣折射美麗的光芒。還有《男孩》的那個父親，因挪用委託保管基金借給失信商人，被褫奪律師資格，乾脆躺在家裏逃避責任；床底下的尿壺裏還浸泡著發黃的煙蒂。這個父親出現在《夏日》中，和兒子住在一起。在追求阿德里亞娜的野餐會上，兩個人在樹下躲雨，野餐會泡湯，父子倆一副倒楣的模樣，正好讓彼此成為注腳。如果說，此類描寫讓人覺得

有趣，甚至發笑，那也是一種滲透尖酸苦味的幽默。書中那些不無莊重的細節，庫切報名參加阿德里亞娜的舞蹈班，他在頹圮的鄉村做著詩人夢（「噢，炎熱的大地。噢，荒蕪的峭壁」），還有他要求朱莉亞配合舒伯特的音樂與他做愛，都透出一股酸澀可笑的味道。

納博科夫談到貝克特的戲劇時這樣描述：「他的戲有一幕非同尋常：他用一根拐杖支撐著自己走過森林，身上穿著三件大衣，腋下夾著報紙，還忙著從一個口袋往另一個口袋轉移那些鵝卵石。一切顯得那麼灰色，那麼不舒服，就像老人做的夢。這種狼狽相有點類似卡夫卡的人物，外表叫人不舒服，噁心。貝克特的作品就這種不舒服的東西有趣。」

這種不舒服的灰色液體也流淌在庫切的作品中，使得自我定義所要求的同一性，生命中各種行為的總和所描繪的同一性，在其作出描繪之前便已經破裂，沉入生命冰涼的殘渣。庫切帶著這種感覺去描寫事物，講述自身的故事，體味他那種孤獨的命運，恰恰因為這個就是他的命運，去尋找他破裂的生活中值得一寫的東西。他用質樸細膩的語言敘述，平穩的筆觸帶著層積遞進的效果，而其尖銳的敘述有時誠實得讓人心裏打顫。那個像在從事秘密勾當的作家（《幽暗之地》的作者），匆匆趕往旅館幽會；周旋於封閉的自我與孤獨的性事之間，他的人生真實嗎？他好像在跟腦子裏關於女人的某種想像交合，半閉空洞的眼瞼，缺乏真實的個性；也許，他從未真正擁有過一個女性的身體？他的情人講述的不就是這樣一副面目？此人既非騙子也非消極墮落者；某種程度上稱得上是一位有道德原則的紳士，但是這個人的體內包藏著一團冷氣，像一個發酸的老人，或者像患有自閉症的兒童，活在某個不透明的模式之中；而

在老人和孩童之間，他那種男性的特質被抽空，剩下的是身體裏的「中性」、「去性」或「無性」。

　　萊昂內爾‧特里林評論詩人濟慈，提出「成熟的陽剛之氣」的說法，在其《對抗的自我》一書中將這個概念定義為：「與外部現實世界的一種直接的聯繫，通過工作，它試圖去理解外部現實世界，或掌握它，或欣然安於它；它暗示著勇氣、對自己責任和命運的負責，暗示著意願以及對自己個人價值和榮譽的堅持。」真正的作家，其個性的精華是某種脆弱的幻想性，能夠理解這個定義所包含的類似於祈禱或驅魔的意義。馬爾羅、索爾仁尼琴或布萊頓巴赫，他們在一定程度上能為這個定義提供注腳。而「夏日」這個詞作為隱喻理解，指向恒定的雲朵和空曠的麥田，似乎也在解釋特里林的觀念。把自己交付給世界，像果實吐出它的內核，如同卡夫卡日記中反覆幻想的那樣。撇開進化或變態的法則不談，這個過程的困難似乎在於，詩人存在中不可通約（也就是本雅明所說的「不可測度」）的那一面，總是有意無意地要對此加以抗拒。特里林所謂的「成熟的陽剛之氣」，延續湯瑪斯‧卡萊爾的英雄主義「道德活力」，卻未能顧及藝術創造力所需的危險和脆弱。在此意義上講，《夏日》的主題或許還不完全是表現主角的情愛或性欲，而是主角的那種獨特面目，其存在的緊張及現實的喜劇性，或者說是詩人那種較為古怪的命運。

　　讀過《男孩》和《青春》，我們對這個形象不會覺得太陌生。在新作《夏日》中，庫切將主角的形象推向某個極端，並且勾畫出這個角色獨特的現實喜劇性；他的描寫有時讓人發笑也難免讓人驚異。這幅多少有些陰鬱的肖像，帶有庫切自身個性的印記，亦可視

為詩人的表徵。由於文本作者隱蔽的介入，他與敘事人的同謀關係有時也會讓敘述失之於過火（例如〈阿德里亞娜〉的章節），但從總體上看，這個形象的再現能夠喚起隱秘冷峻的激情，猶如冰塊與火焰的結合。庫切所塑造的形象，他那種低調、深思的寫作，涉及道德倫理層面，從不滿足於輕易獲得的答案；他的創作總是展示一個反覆拆解的過程，蘊含著各種意圖的反詰。可以說，他的每一次敘述都始於並且執著於人物向下沉降的命運，如同一份追蹤地下生活的報告。彷彿只有在這幽暗冷漠的國度，才會見證我們時代的隔離，它那些荒蕪靈魂的悲喜劇；而在這樣一個顯然是低於生活的地方，詩人作為超人的存在未免離奇古怪，顯得過於孤立，與群體意識構成對立，但也能夠表達某種罕見的類似於祭獻的激情。

庫切於 20 世紀 70 年代初從美國回到南非，在開普敦大學英文系教書，期間出版他的第一部小說《幽暗之地》，開始文學創作生涯。他為什麼要回到南非工作，若干年後又離開南非，再也沒有回去，這一點從其履歷表上不容易得到解釋。《夏日》講述他這段時期的經歷，正好可以提供一些線索。事實上，他是因為參加反越戰遊行而被美國驅逐出境，丟掉了那邊的工作。《青春》中發誓不再回南非的他，只好回到祖國謀生。由於「他斷絕了與自己的國家、家族和父母的關係」，他的回歸未免有些無奈和尷尬。〈瑪戈特〉的章節對此做了一番描述，其他章節中也斷斷續續談到。總之，他對自己的國家抱著難以化解的抵觸態度。《夏日》結尾敘述兒子與父親的和解，也透露情感上的某種抑制；他那種懺悔的願望即便已經非常誠懇，最後一筆交代說他還是要走的，像是有一股力量拽著他離開，留下醫院裏治病的老父親。

　　一個始終像在獨自告別的人，在朱莉亞的臥房和清晨的睡夢裏，在家族聚會的餐桌旁，弓起緊張的身體。他年紀輕輕，卻像一個落寞的鰥夫。現在他已經死去。人們談論的是一個死去的著名作家。談論他過去生活中的模樣，無論是同情也罷，隔膜也罷，總不外乎指向他生活中讓人困惑的特殊性。他們是談得太多，還是談得遠遠不夠？

　　也可以這樣來問：對一個著名作家的關注是否比對阿德里亞娜丈夫的關注一定更重要呢？後者是巴西難民，在開普敦做保安，被人用斧頭砍在臉上，最後死在醫院裏。《夏日》有三處寫到醫院，也都是跟底層那種流離失所的命運相關。主人公趨於冷感的身體，他可悲的「去性化」狀態，未必能夠在他人的故事之中得到解釋，卻和這些髒污淒涼的圖景一樣，讓人看到生活如此殘缺，缺乏慰藉。

　　在《凶年紀事》中，庫切談到陀思妥耶夫斯基的小說《卡拉馬佐夫兄弟》，他說，他為伊凡的選擇落淚。作為一個徹底的懷疑論者，伊凡不給他的信仰留出一絲餘地；他選擇退出，要向那位全能的造物主提出「退票」。某種意義上，我們亦可借助這個細節來看待《夏日》的主人公，他於 20 世紀 70 年代初回到南非的經歷，他經歷中包含的尖酸苦澀。

　　對於庫切來說，成為一名移民身份的作家，亦即意味著三重意義上的放逐：他是拒絕鄉土專制的世界主義者；他是出生在南非的白人後裔；他是用英語寫作的殖民地知識份子。庫切的三重身份，既是緣於一種「歷史的宿命」，也包含著自我抉擇。於是，讀者在《夏日》中不無驚訝地看到，作家的成長竟然沒有被青春和祖國的機體所吸收，而是被吐落在外面，輾轉於這個世界的別

處。他最終選擇退出，不願與任何一種現實政治苟同；不尋求妥協，也得不到慰藉；就像卡拉馬佐夫家的伊凡，糾結於他的清醒和分裂，他的懷疑論者的痛苦，他的詩性和枯竭，還有他無家可歸的荒涼和夢魘。

2010 年 2 月、3 月，寫於杭州、首爾

（J.M.庫切：《夏日》，文敏譯，浙江文藝出版社 2010 年）

此文原載於《書城》2010 年 5 月號

「局外人」的半生旅程

——關於奈保爾小說《魔種》

　　《魔種》（*Magic Seeds*）出版之前，年屆七十二歲的奈保爾接受媒體採訪，他說已經沒有精力再創作小說，——「《魔種》將成為我的最後一本書」。在這本書中，他要將過去曾經生活過的世界聯結起來，並給自己的文學生涯做一個總結。

　　流落歐洲的印度族裔；反政府武裝和叢林游擊隊；狄更斯的幽靈出沒的倫敦；還有威利‧錢德倫——他是奈保爾另一部小說《半生》的主角，將十八年非洲生活的記憶帶入進來，像曝光不足的底片，在威利的自述中時隱時現。這幾個方面材料的混合，構成《魔種》的敘事，也是奈保爾大半生創作的一個串聯；除了特立尼達的西班牙港——奈保爾早期幾部喜劇小說描繪的印度移民種植園區的世界，作家將不同時期的創作題材加以利用，糅合在了這部篇幅不長的小說之中。

　　主角威利四十一歲，寄居在柏林他妹妹的家中。妹妹是個時髦的左派人士，依靠聯邦德國政府部門的救濟金生活，而他則依靠妹妹的救濟生活。這種日子讓他覺得很安逸，得以擺脫非洲漫長的動盪歲月。對於像他這樣的中年人，是到了該好好休整的時候了。只

不過，威利本人──或許還有讀者──很少想到的一個問題是，他究竟為何感到如此疲累，要把妹妹的家當作避難所？此前在非洲，他是個無所事事的人，除了早年出版過一本創作，他的生活無非是遊來蕩去，靠妻子的遺產坐吃山空，和妓女做愛，修煉自己一直覺得有所虧欠的性學知識。看來，他的疲憊是精神上出了問題。《半生》後半篇講述威利生活的危機，他尚未解決的種種問題再次出現在《魔種》當中，也就是他妹妹認為有必要對哥哥加以開導，誘使他去融入一種更有意義的生活。這個開篇的鋪墊告訴讀者，《魔種》實質是《半生》的續篇，講述主角後「半生」經歷，它的故事是在《半生》結束的地方重新開始。當初，威利拋棄妻子安娜，還有葡萄牙人的莫三比克，躲到白雪飄零的歐洲，他並不知道下一步該做些什麼。J. M.庫切在一篇評論《半生》的文章中甚至說，恐怕作者本人也未必清楚威利的故事該如何講述下去，在什麼地方結束。

奈保爾的新作可以視為對這個問題的回答。也許作者意識到，他筆下這個遊蕩的難民確實需要一段新的旅程，來延續和更新這個有關於自我的故事，就像人物自己在《半生》中所說的，他需要「重新振作起來」，「獲得一種認識自己的新觀念」。鑒於威利的人格所具有的獨特性──奈保爾把這幾年的精力都投入到塑造這個半是哲理半是無知的犬儒式的頭腦之中，我們似乎很難相信，威利在接下來的故事中會有所作為，會以一場自我危機的解決而告終。也許，續篇所要講述的正是人物精神危機的某種解脫而非解決，既然他曾經不假思索地跑去非洲，在那兒一待就是十八年，然後又不假思索地逃回歐洲，躲在他妹妹家中吃白食，這樣的事情為什麼不能再發生一次？

　　威利認為，他前「半生」那種「半隱居狀態」，滿足於「二等階層」「勉強『過得去』」的低標準的生存，似乎是不那麼真誠的。《魔種》的開篇使他有了這個認識。他看到歐洲的秩序井然的世界，「因為沒有真正的危險，人已經被簡化了」。他看到有「兩個世界的並存」，分界線的這邊是富裕而自由的社會，人們過著一種「簡化的生活」；分界線的那一邊，則是「壓制和束縛，是另一類人」。威利不是激進的左派人士，他的想法是緣自於對身份的思考。他總算清楚地意識到自己屬於哪一邊。令他痛心的是，這麼多年來他一直在逃避自己的身份。像過去那樣對事實只是裝作「視而不見」，是愚蠢而羞恥的。

　　威利的懺悔構成《魔種》敘述的動機。他的故事是《半生》的延續也是《半生》的轉折；是自我的危機也是自我的一種修正。《魔種》將近一半的篇幅講述威利在印度叢林參加游擊隊的經歷，如果略去這個敘事的動機，他的選擇便是難以理解的。威利和妹妹，還有威利和戰友之間大段的對話，是 19 世紀小說中屢見不鮮的主題性思想的展開，針對人物的心理和道德狀況。這種寫法，現在的小說家已經不大使用了。書中對道德和政治問題進行長篇大論的探討，使人產生一種幻覺，威利畢竟還生活在一個有知識信念的環境當中。他妹妹引導他去接受坎達帕里和甘地的思想，批判林彪路線，是為了讓他相信，他那種邊緣人的立場無非是自欺欺人。問題是，像威利這樣已經定型的中年人，是否能夠改變自己的生活？那位循循善誘的左派妹妹給他營造的環境，看起來更像是一個圈套。而他從自以為覺悟的思想出發，否定了過去的自我，全盤接受妹妹的安排。於是，時隔二十年之後他回到印度，參加坎達帕里的革命隊伍。

　　《魔種》不是一部供人消遣的小說。像作者此前的創作，它是對於社會生活的嚴謹細緻的討論，包含著作家思想的一系列形成和反芻。奈保爾的可貴在於，身處後殖民時代，其創作的關注仍是建立在對社會結構的認真探究之上。有關人物「身份問題」的探討，它具有典型的後殖民和後現代的意識，其實是更加接近於 19 世紀的俄國文學，也就是屠格涅夫和陀思妥耶夫斯基等人所做的，試圖給本質上是「懸浮」的人物及其內心危機提供修正和解決的方案。這種理想和現實的結合，在奈保爾的寫作中還造就一個頗為引人矚目的特點：較之於現代唯我論者氾濫的夢囈，他尋求經驗的基礎及情感的真實性。叢林的經驗似乎使人遠離歐洲式的自我沉溺，一步步脫離這「半生」所吸收的消極，直到人物被嚴酷的事實裏夾而去，折入新生活的地平線。

　　威利加入游擊隊之後發現，他的戰友並沒有追隨坎達帕里的群眾路線，他們是一夥從事暴力革命的實幹家，其實是坎達帕里的敵人。他落到這幫人的手裏是個錯誤，但已經難以脫身了。他偷偷給妹妹寫信，打算找機會逃走。營地的生活也讓人痛苦流淚，威利想：「我從沒經歷過這樣無聊的日子。我到印度之後卻嘗盡了這些無聊的長夜。我看這是一種訓練，一種禁慾，但不明白這到底是為了什麼。我必須把它看作是一種新的生活體驗。我千萬不能讓這些人看出我不是全心全意跟著他們的。」

　　隨著故事的進展，他慢慢學會克制自己的悲傷。用他的話說，是「獲得了新的感受方式」。他從心底裏開始接納這些粗野的戰友，他們出身低微，遭受歧視，腦子裏滿是辛酸瘋狂的報復念頭。他感受到對他們的友誼──這種思想不合邏輯，因為他親眼目睹他們槍

殺農民，行為極端惡劣，但他還是覺得這種友誼的感受是好的。關鍵在於，他能夠逐漸地融入周圍的世界，也就是說，融入他的父親和母親的那個印度。

威利的父母恰好分屬於該國的兩個階層，前者是「上層種姓，溫和，消極，傾向於禁慾主義」，後者的「階級地位低得多，總渴望掌握整個世界」。印度爆發革命運動，給威利的戰友博傑‧納拉亞、羅摩占陀羅這些人提供了機會，可以報仇雪恨或是掌控這個世界。威利憑藉這大半年的經歷，憑藉他的出身，逐漸認同這些人的思想。他有了過去不具備的客觀和成熟，也產生友誼和信任的生活觀。問題在於，這種理解就是他想要尋覓的新生活嗎？禁慾主義的虛無、自卑的性生活、暴力和仇恨，這些不正是代表著他熟悉的印度？這個印度難道還需要來費力確認，把它當作是了不得的新貨色？他本以為自己周遊世界，已經將它甩在了身後，現在繞了一圈之後回到原點。威利又迷失了。

《半生》以一種近乎偏執的方式探討的性慾問題，這個時候在《魔種》中又提出來討論。威利（或是奈保爾）聲稱：「我們這些生長在次大陸的人，在性方面都有問題。」他對戰友推心置腹地說：「要是我能更自如地對待性，要是我知道應該如何去得到它，我也許就會成為另一種人。我就會有無窮無盡的機會和選擇。……但我沒有這種才能，我註定要失敗。我只能得到我已經得到的東西。」他的戰友羅摩占陀羅深表贊同地說：「我覺得我的出生、我的生活，一切的一切都是偶然的。」這場討論已經不自覺地沾染上西方人的口氣，然而羅摩占陀羅的這句話中蘊含的觀念，是令人感到熟悉的。高爾基在評論俄國「多餘人」形象時曾經指出，這種虛無主義

正是亞洲思想的古老毒素。威利得出結論：「這正是我們所有人的命運。也許只有當人們能夠主宰自己的命運才會有井井有條的生活。也許在外面那個簡單化的世界，生活就是那樣的。」

　　威利的新生充滿艱險，他最終收穫的觀念卻具有諷刺性。從他認為是虛假的「那一邊」走出來，他的思想又開始傾向於「那一邊」。他曾經批評自由世界的「簡單化生活」，現在它又獲得一種啟蒙的意義。這樣一來，他藉以檢討自己的那個立足點就顯得有些可疑了，他對於身份的意識似乎變得十分紊亂。雖說作者對情節的安排並無諷刺的意圖，但可笑的是，某種程度上威利又重蹈《半生》的軌跡：經過親友的幫助離開印度到達倫敦；遠離第三世界的動盪，他在歐洲寄人籬下，又開始吃白食。

　　小說的進展似乎再也不會出人意料。威利在朋友家寄宿，跟朋友的妻子私通，他以半開玩笑的口氣說：「我要用巴黎人的方式和你做愛。」這類性慾的描寫已經失卻《半生》的描寫所達到的深度，但是性慾的問題仍是奈保爾「後半部」小說的中心。它失去了痛苦而尖銳的滋味，變成晚年畢卡索的銅版畫上的一種窺陰癖。題為《迷惑》的第十一章，對於羅傑的情婦瑪麗安「腋毛柔亮如絲」的描述，便是這類銅版畫中精心展出的一幅。瑪麗安這個底層女子的粗俗，隱約再現狄更斯的倫敦，那種興趣盎然的性描寫卻是奈保爾所特有的。英語作家中鮮有人像他這樣，寫得陰涼、落寞、色情。

　　如果我們認為，作家的窺陰癖只是這個年齡生理上的自然反應，就像老年的畢卡索表現的那樣，那麼這種看法可能是不夠全面的。這類描寫，在 1987 年的《抵達之謎》中就已經出現；它那個陰涼細窄的窺視孔或許還應該追溯到作家的早期生活，他久遠的童

年,《米格爾街》的那個世界。作家的感知方式在其童年時代已經形成,這一點毫無疑議。對於奈保爾來說,他對這個世界的感知,他對於男女生活的認識,其實是屬於一條街。

貧窮雜亂,得過且過,缺乏政治意識,安於無知無識的懶散,犬儒式的自嘲加上輕快的自鳴得意,這便是滯留在現代化邊緣的鄉村殖民地「一條街」給予人的教育。生活在這條街上的人,視界狹小,渾渾噩噩,頭腦中沒有更高的期盼,倒也不乏自生自滅的寂寞給予的庇護。從這條街上走出去的人,如果他確有天賦,像奈保爾本人所代表的那樣,那麼日後他在倫敦大都市所獲得的「再教育」便註定是痛苦和分裂的。他那個童年的窺視孔在「大世界」裏也會無可挽回地失落,不得不要在創作之中使之重現。

在奈保爾產量豐富的創作中,這個包含著痛苦和分裂的主題使得他的作品帶有孤立的自傳色彩,也使他的思索切近時代,顯得率直而扣人心弦。是奈保爾而不是威利,能夠居高臨下,用他學到的知識來審視次大陸的歷史,發出尖酸刻薄的評論。類似的評論也容易使他遭受攻訐。例如,尼日利亞作家希努亞‧阿契貝在其〈殖民主義批評〉一文中,十分贊同加勒比人伊凡‧範‧舍蒂馬的批評,說奈保爾的「一貫作風就是自我貶低」。然而必須看到,奈保爾對於性慾自卑感的關注遠比我們認為的嚴肅。他的目的是重建自我,而非從理論上粉飾自我,傾向於人格過度的自衛,而在今日的學院裏這一類理論卻非常流行。在奈保爾看來,自我的重建充滿矛盾,需要付出經驗的代價。《魔種》後半部,威利在倫敦接近中產階級生活的努力,便是其中的一個嘗試。較之於婆羅門遺傳的虛無根性以及殖民地人自卑感的封閉,它算是小心翼

翼地邁出了一步。結果也許未必使人激動，這個出發點卻不是犬儒式的。

《魔種》的內涵並非無可指摘，它的寫作也暴露人工和斷裂的痕跡。閱讀小說，有時我們確實不知道追蹤的是奈保爾的言論還是威利的想法。小說對於游擊隊和暴力革命的描繪凝練深刻，含有極高的社會學價值，似乎更像是一份編纂精確的檔案；它那種敘述的緊湊是來自於分析的緊湊。毫無疑問，作家在威利這個人物身上注入了自己，讓人物的頭腦承載著作者的思考。這就是為什麼，威利陷於思索時他顯得真實，當他行動時往往比歐洲的存在主義者更顯得像是一個「局外人」。

小說結尾的最後一句話：「不該抱有理想的價值觀。災禍正是由此產生。解決也是由此發端。」作者借威利之口，用一個睿智的警句，給這個大跨度的故事劃上句號。從威利的「倫敦故事」來看，它究竟是意味著人物將要獲得解救之道，還是意味著人物境況的虛浮，這一點實在需要探討。有時候，還是那個身份意識紊亂、在印度陷於孤獨悲傷的威利，讓人覺得更感人一些。

很久以前，還在《抵達之謎》的寫作開始之前，奈保爾曾經公開透露過一個想法，他要寫一部堪與《比斯瓦斯先生的房子》媲美的喜劇作品。他此後的創作卻一直沒有實現這個宏願。薩爾曼・拉什迪在一篇評論《抵達之謎》的文章中對此表示惋惜，不過，他真正想說的意思是，奈保爾似乎陷於憂鬱冷漠，失去了創作小說的活力。拉什迪認為，在《抵達之謎》中，由於作者「遠距離的觀察」帶來的抽空，其結果是「作者變成題材；講故事者變成故事」，而「當作家失去寫小說的力量，剩下的只有自傳」。

　　用這個尖銳的評議來觀察奈保爾後期的寫作，可以使我們對這些作品「抑制虛構」的特點從一個側面看得更加清楚。這些小說的基調，其實不能稱之為是憂鬱冷漠，而應該說是富於思索性的。《半生》和《魔種》不乏喜劇材料，但它們都不是喜劇，也不加入諷刺色彩。作者傾向於解釋而非虛構，追求經驗的價值更勝於想像的活力。凡此種種，如果稱得上是他近期創作上的偏執，那麼這種偏執也未必都是由於能力的退化，或是由於作者本人缺乏自覺。事實上，奈保爾後期創作的一系列變化正是緣於他的自覺，使他不惜拋棄早年所建立的模式。那個寫出巨著《比斯瓦斯先生的房子》的作家，那個機靈得要命的寫作《靈異推拿師》的作家，不再發揮狄更斯式的喜劇天賦，而是轉入到一種明顯帶有人工和斷裂之痕的寫作。這樣一種變化，或許是與作家所關心的問題的實質有關。奈保爾的問題是，像他這樣的殖民地人學習寫作，如何獲得獨創的形式？

　　圍繞英國的教育以及他作為一個殖民地作家的定義，他說：「我為了書中的幻想而看書；同時，我要求現實。……隨著我年紀漸大，自己想寫東西，它就愈使我絕望地意識到我自己那個社會的貧困和雜亂。我盡可能使狄更斯適應特立尼達，但是要把我在特立尼達熟悉的生活寫進書中，似乎是不可能的。」

　　他這種明顯帶有失敗感的思考，較之於某些自詡為「工匠」或「技術員」的大師透露的經驗之談，是要更可敬一些。它讓人看到一個隨著年齡的增長而日益變得苛刻的奈保爾，他在可疑的傳統與經驗的流沙之上，作出不懈的自我界定。他思考「形式和經驗」的關係，要求「經驗的本質」不至於在「錯誤的形式中流失」。

　　這類思考也彙集疑慮，常常變成出言不遜。例如，談到華茲華斯那首有關水仙的名詩，他說：「一株挺美的小水仙，但我們從未見過它。那首詩對我們有可能有任何意義嗎？」在奈保爾看來，為了挽救殖民地人缺乏傳統的局限，「一切都必須成為改編的對象；一切東西……如果有用，如果對我有價值，就立即不再是屬於英國的東西。默德斯東先生有用；匹克威克先生和他的俱樂部沒用。《簡愛》和《呼嘯山莊》有用；《傲慢與偏見》沒用。莫泊桑有用；巴爾扎克沒用。」

　　顯然，《魔種》的寫作也不忘延續這類質疑。威利說：「我費了很大勁去讀《威克菲爾德的牧師》，可就是不懂它在說些什麼。……我看不出這書和我聽到看到的事情有什麼關係。海明威、狄更斯、瑪麗・科萊利，還有她的《魔鬼的煩惱》──我讀這些人的書，我讀所有其他人的書，都遇到了這樣的麻煩。」

　　威利的半是哲理半是無知的犬儒式頭腦，感染的是作者奈保爾的焦慮；威利的故事，他遊歷四方的旅程，貫穿的是奈保爾重建一個世界的意圖和思考──「我感到，要真正地寫出我所見的，我就必須把自己定義為作家或敘述者；我必須重新解釋一切。」在其創作談《成為一個作家》中，奈保爾如是說。

　　也許，人們更應該以一種感佩的眼光去看待奈保爾的「自我貶低」和「出言不遜」；把威利分割為兩個「半生」的旅程看做是小說家的歷險；從這本書的每一個句子當中去品味它褶疊的含義。

　　在營地，在柚樹林第一次站崗的那個夜晚，威利聽見了孔雀於清晨時分發出的奇異的鳴叫，「沙啞得有些撕心裂肺」……他感到悲傷，部份是因為他沒有家，以至於他到哪兒都像是在自己的家，

像是旅程中一個單獨的瞬間，一個半信半疑的停靠站；他事實上已經衰老，常常忘記自己為何遊歷四方，為何改變身份，直到他「自覺智力衰退，人格斷裂的時候」，暗示著一切都要從零開始。

這場看似循環、不會結束的旅程似乎也暗示著，《魔種》作為「封筆之作」，不應該是意味著終結。

（《魔種》，奈保爾著，吳其堯譯，上海譯文出版社 2008 年 1 月初版）

此文原載於《書城》2008 年 7 月號

作家的父子家書

以 V. S.奈保爾的名義出版的《奈保爾家書》（Family Letters:
Between Father and Son），是奈保爾早年在牛津讀書時和他父親西
帕薩德的通信集。英文版出版於 2000 年。此書披露一個加勒比印
度移民之家的生活內情，作家在異國成長的經歷，還有奈保爾早期
創作的某些來源。

例如，《比斯瓦斯先生的房子》（1961），它的人物和敘事很容
易在這本書中找到驗證。比斯瓦斯先生的原型就是西帕薩德，一
個出身貧寒、自學成才的知識份子，終其一生都未能擺脫環境和
家庭的束縛，在夾縫中保持那一點有限度的尊嚴。他的故事具有
一種使人省思的感人意味。奈保爾用他父親的形象創作小說，將
這個形象的價值幾乎是涓滴不遺地加以利用。《家書》所提供的材
料可以證明，兒子對父親的瞭解是多麼深切，其同情和觀察的力
量又是多麼動人。那條將父子兩代人聯結在一起的紐帶，無疑是
極為緊密的。

西帕薩德和兒子的通信，將讀者帶回到上個世紀的 50 年代。
那時候通訊還不像現在這麼發達；特立尼達和牛津之間的聯繫靠的
是航空郵遞。兒子去英國之後，父親的生活多了一項內容，那就是
給兒子寫信或是在家中等待遠方的郵件。兒子看來不太喜歡寫信，
做父親的經常要去信敦促。西帕薩德是一個體貼的父親，會用委婉
的措辭旁敲側擊：「看起來你還沒有收到我的信。不過，你似乎因

為帶著現金而一切都挺好；為父甚感欣慰。」實際上，他是在儘量
掩飾自己的焦慮。與兒子分離而不能見面，這倒並不使人過於傷
感；他所難以忍受的是與兒子失去聯繫，哪怕這種聯繫的中斷只有
短短幾天。

　　抵達英國的最初四個星期，奈保爾沒有給家裏寫信。當時正
在印度讀書的姐姐卡姆拉寫信來責備說：「你完全知道，現在爸是
一個人留在家裏。你曾是他終身的朋友……替他們想想吧，維多，
你應該給他們寫信。至少要給他們應得的那份。」卡姆拉的責備
不算過份，她深知弟弟在父親心中的位置。只是她不太瞭解他到
達英國之後的感受。他遭受的孤獨或許比父親還要深，使他在家
人面前不得不保持沉默。此中緣由，奈保爾要等到多年後的《抵
達之謎》（1987）這本書中才予以詳述。

　　長子奈保爾是家中的希望。早熟而且頗具天份。1950 年去英
國讀書，還未滿十八歲。從他此前寫給姐姐的信中不難看到，這
個自稱「長著一張胖臉」的男孩，已經成長為家中的「大知識份
子」，似乎發育得過於敏感。他喜歡臧否人事，說尼赫魯總理是「第
一流的戲子」，說次大陸的同胞是「賊種」，把簡・奧斯丁的作品
看作是令人厭煩的「流言蜚語」。吐屬之間，已然流露出日後的
小說家出言不遜的尖刻習性，還有道德上冷峻的評判力。他在書
信中不無憤激地對姐姐宣稱：「世界正在死去——今天的亞洲只
是一種久已死亡的文化的原始表現，歐洲已經被物質環境打入了
原始主義，美洲是一個早產兒。……我要你尋找的就是這樣一幅
圖景——一個業已死亡的國家仍然帶著它黃金時代的紀念碑運
行著。」

　　他的洞察的深度大大超越他的年齡，也不太像是特立尼達的邊緣世界的小角落裏可以容納的一種理性。以他多年後撰寫的印度遊記來看，奈保爾在十七歲這個年齡所掌握的觀點，包括那種令人吃驚的權威與孤高的態度，其實並沒有發生變化。西帕薩德是一個作家，自然能夠看到兒子身上的特質。他對兒子寄予厚望：「你應該成為一個作家。我絕對相信你能出類拔萃，我比其他任何人都要瞭解你。」

　　父親對兒子的情感是毫無保留的；他的告誡通常也是務實而富有啟迪。「不要寵壞自己，要警惕任何形式的不當的揮霍。我並不是說，你必須做個清教徒。」他奉勸兒子與電影界和文學界的大牌人物保持聯繫，從而獲得有利條件。「自信是一種非常有價值的資本；我知道你有信心，這使我感到欣慰。但是，不要看輕別人或低估問題。」

　　有關於寫作風格，他提出的忠告對奈保爾肯定是深具影響：「不要刻意去討好任何人，除了你自己。只需注意好好地把你想說的話原原本本地說出來──不要炫示。有了絕對的、勇敢的誠實──你就會形成自己的風格，因為你將成為你自己。」

　　牛津的神童畢竟是一個孩子，儘管頭腦出眾，遺世獨立，仍需要經歷「成長的煩惱」，在面對這個世界時不得不承認自己的無知。他對姐姐剖析自己的個性，為在牛津大出風頭而頗感得意，同時也發現自己戴著一副可厭的面具。「我發現，甚至在自己真誠的時候，我都是在裝腔作勢。人們都必須經過這一個階段嗎？」他承認自己一向撒謊成癖，似乎很難對自我保持真誠。「男生都喜歡我，他們之所以喜歡我，是因為我有一種『玩世不恭的浮華習氣』，還因為

我裝得像一個『可怕的孩子』。」「我猜測，這是因為，在西印度群島，我們完全活在自身之中，漸漸地就輕視起了周圍的人們。但是，那些人也活該受到鄙夷。」

奈保爾的「猜測」，某種程度上也揭示了這本書的一個特徵。作為甘蔗園契約勞工的後代，西帕薩德和他的子女已經通過書本教育改變了自己的身份；他們都是獲得自我意識的人，並紮根於一個知識的世界。勞工之家的匱乏令人一望即知，勞工的趣味卻並不屬於他們。他們的言談像是頗富見地的知識份子（事實上也是），而且對於現實都很敏感。這個家庭就像是一座島嶼，孤零零地懸浮在一個令人懼怕的世界之中。印度教的儀式和庇護，中部平原的方言和風光；讓詩人德里克‧沃爾科特「激動得幾乎喘不過氣」的原始節慶的遺存；那種將西班牙港視為「作家的天國」的繽紛多彩的歡樂，在這本通信集中是絲毫看不到的。年輕的奈保爾對於周圍世界抱持一種冷酷的批判態度，並把這種態度帶到了倫敦和牛津。他毫不客氣地指出牛津有「成群的蠢驢」，英國人是一個「古怪的民族」，而那些來牛津上學的西印度群島上層子弟不過是「虛偽的老於世故」。

這種昂貴的僧侶氣，將成為奈保爾身上的重要標記，似乎與其家庭地位不符。對於處在貧困社群的奈保爾一家，生存才是第一位的；沒有人要求他們必須為精神的價值作出奉獻；而無視精神追求，只考慮物質境遇，通常是這種家庭出身的人所做的選擇，其選擇的邏輯也是預先就已經設定了的。西帕薩德和他兒子試圖打破這種定律，通過書本教育來定義自我，並以此衡量自身的追求。父親塑造了兒子的趣味和觀念，兒子把更高的抱負帶到英國。

兒子的經歷也體現「外緣文化」知識份子的一種特性，即，他們往往要比宗主國的人更具批判性，更加重視從殖民文化中接受的觀念和原則，甚至也更具有自命清高的文學氣質。

他說：「一個初次來到牛津的人，既不去觀賞建築，也不去逛書店，而只是一個勁兒地談論錢──他想掙多少錢，他現在有多窮。恐怕，這就是西印度群島人具有的智力水平吧。」這種輕蔑的口吻不時出現在他的書信中。他甚至對家人聲稱：「所有裝點大海的島嶼當中，特立尼達是最好笑的。」

奈保爾的憤世嫉俗通常被看做是年輕人的一種「犬儒式的炫耀」，不過是他一向喜歡流露的自命不凡，這副盔甲的背後掩蓋著他的脆弱和自卑。他想在這個年齡段上表現得更加自如一些。而在特立尼達，甚至當他進入某個行政事務辦公室時，他都會感到「萬分含羞」。牛津使他「堅信自己跟任何人一樣有權利去任何地方」，他承認這是牛津給他的一個好處。他沒有忘記在去英國的船上，第一次聽到有人稱他「先生」時，他是如何的激動。內心裏他還是一個殖民地的鄉下孩子；外部世界使他感到迷戀而又畏懼。在紐約換乘輪船那天，他趴在旅館的廢紙簍上吃家中帶來的烤雞，不敢問人要餐刀和叉子。洗澡時差點被熱水燙傷。他在書信中對這些細節隻字不提，只是說自己平生第一次感到孤獨，而這種孤獨的感覺「相當美妙」。

「牛津的美越來越惹人喜愛了」，在給父親的第一封信中他寫道。經過四個多星期的沉默，他才以較詳細的筆觸介紹牛津的學院生活，院長和同學的情況，還有他自己寫下的詩句──「這漸漸變黃的世界／充滿了漸漸變黃的葉子／和漸漸變黃的人。」

詩說不上有多好，作者自己感覺很不錯。此後的書信每每以這種方式報告近況，像一個風景畫家，描繪街道和樹木，耶誕節富於浪漫感的燈火，還有平生遇到的第一場雪。「雪是一種很輕的東西，」他向家人描繪道，「用『奶牛與大門』的罐頭裝上一罐，其重量不超過一磅，……如果你出門，肩膀和頭髮上會撒滿那樣的軟毛。」似乎只有通過對自然的描繪，才會取得充實美好的感覺，而在日常生活中，他多半是處在「模模糊糊的快樂感覺的外面」。牛津很美；牛津的生活處處需要錢，而他沒有錢。他想從獎學金裏省下一點錢來幫助家裏，可這點錢還幾乎不夠自己用。儘管他要求自己像賢哲那樣思考，避免不必要的煩惱，對錢的需要卻使他感覺到苦惱。此外，日益增長的精神孤獨也在折磨著他。這些都是在風景描寫中有意無意加以掩蓋的。

奈保爾在這個年齡所承受的重負，似不足為外人道。內心的孤立，性寂寞，經濟隱憂，這些使他備嘗煎熬。他到牛津的第三個年頭經歷的那場精神崩潰，顯然是由於神經和心理上的過度抑鬱，使他陷入一種冷漠的自我逃避。「我不能忍受看見任何人，我不能忍受閱讀，因為閱讀令我想到人；我不能去看電影；我不能聽收音機。」事過之後他這樣描述發病的症狀，還不無羞愧地補充說：「我曾經愚蠢地揮霍錢財，我承認這一點。」他向父親和姐姐告貸，花錢旅行，也是出於一種逃避的慾望。年輕人這種不負責任的小小揮霍（花費的額度畢竟有限），有助於緩解苦悶，使他從自我的重負之下暫時擺脫出來。

父親對兒子的狀況有所覺察，從來信中讀出他的抑鬱悲傷，並一語道破癥結之所在：「我覺得，只有（取得）文學上的成就才會

令你開心。」他很清楚兒子的心事，也為自己不能提供經濟支援而深感歉疚：「我知道我一直幫不上你，這件事想起來就痛苦，我寧願不去想。」他提出一個看似無奈的方案：萬一畢業之後找不到差事，「你就回家，做我一直在盼望的那件事：寫作，讀書⋯⋯我要讓你獲得我一直沒有的機會：在我寫作的時候有人支持我和我的家人。」「你將有一個自由寬鬆的創作環境，無拘無束地寫上兩年或三年，到那時你就會有所收穫。」

這是父子通信中很感人的部份。父親無條件地支持兒子投身於文學，把兒子的抱負和自由看得比一切都重要；他總是以真誠的、有眼力的、嚴格的建議，給兒子以無可估量的支持。他所扮演的角色是多重的，既是父親和導師，也是朋友和同行，而且是一位善解人意的藝術家。他寫下的書信也同樣貫穿著一個孤獨的聲音，卻顯得質樸溫柔，具有一種孜孜不倦的奉獻的熱情。事實上，通信集中父親的形象也最為清晰，勾勒出一個清晰地反思的調子。年輕人初涉人世的畏懼，他對於世界的冷酷和不公正的感受，在父親的關注之中被賦予一種同情和寬慰的力量。

兒子去牛津上學時，西帕薩德四十四歲，仍未放棄做一個作家的夢想。他的夢想是在英國出版短篇小說集，使他為數不多的創作獲得世人認可。西帕薩德囑咐兒子給他郵寄 R. K. 納拉揚的小說，牛津的校刊，還有各種英國報紙。他很重視與外界的聯繫。得悉兒子的短篇故事將在「加勒比之聲」中播出，他欣喜地感歎道：「我知道，你行。上帝啊！在你的年紀，我幾乎連封像樣的信都寫不好。」他把作品寄給兒子，讓他幫助投稿，甚至授權讓他修改。當西帕薩德的短篇故事《婚約》也在電臺播出時，他給兒

子寫信說：「我開始相信，我本來是能夠當作家的。」他抱怨在《特立尼達衛報》做記者的那份工作榨乾了他的精力，使他不能從事自己渴望的事業。兒子回信勸慰父親：「我一直尊崇您為作家。……您還沒有老得可怕。蕭（伯納）四十四歲左右才取得成功，您應該繼續努力寫下去。」

這個故事的主角，父親和兒子，似乎只差一點就能達成自己的願望，使得故事有一個圓滿的結局。兒子很快會在英國獲得成功，父親也在英國出版小說集，父子倆得償夙願；而他們的未來還很漫長，將繼續寫作、交談，彼此鼓勵和探討。如果說文學使年長者變得脆弱，使年輕人更加早熟，那麼這一點倒不僅符合奈保爾父子的現狀，也使他們的聯繫變得更深切。他們的故事只欠一個使人如意的結局。

奈保爾雖努力創作，事實上卻未能出書。由於川資不足，他返鄉探親的計畫也告吹。他並不是家中期待的救世主，他的神經焦慮症讓父母和姐姐倍感緊張。西帕薩德也在創作，但他是一個十分疲憊的人。《特立尼達衛報》要解雇他，這使他的處境愈發艱難。卡姆拉從印度返回家鄉，幫助父母打理家事。這個家有七個子女。西帕薩德希望兒子畢業後在西印度群島謀一個教職，也好對家裏有個照應。兒子回信說，他會儘量爭取每年給家裏提供一筆錢，可他不打算回家。

「我並不想令您傷心，可是我希望我永遠不要回到特立尼達……（特立尼達）其實什麼也給不了我。」奈保爾的回信絲毫不加掩飾。「我清楚，也理解您希望我回特立尼達定居的願望。但是……假如我那樣做的話，我就會因智力枯竭而傻死的。」

兒子的答覆讓父親感到，他們對於未來抱有不一樣的看法。那些訴說思鄉之情的信件，對熱帶的黃夜、暴風雨及野生芋類植物的思念，曾讓父親敏銳地覺察到兒子的孤獨和哀傷，而這種情感的基礎卻未必是父親真正能夠瞭解的。因為，這種情感的基礎就是空虛，是一種無法返回的思念，意味著永遠的失根和漂泊，基於懷疑論者的一種自我抉擇。兩代人的溝通所暴露的隔閡，也許從通信集開篇部份就讓人隱約感覺到了。兒子不是對所有的問題都給予答覆；他的態度比較複雜，似乎顯得有所保留。兒子的思考與感受，來自於一個父親從未體驗過的更加廣闊的世界。

這個父親像是歐·亨利小說中的人物，有趣而善良，在卑微的境遇之中執著於天真的希望。當他因心臟病發作而無法行動時，他「最大的憂慮是他的短篇小說集不能出版」。卡姆拉又一次出面呼籲，要求弟弟處理這件事，幫助父親出版作品。弟弟對這些作品的看法則比較含蓄：「挺好的東西，我覺得它最終一定會出版。」奈保爾沒有食言。父親去世二十二年之後，他終於說服出版商，在英國出版了這部短篇小說集。

西帕薩德因心臟病復發而去世，年僅四十七歲。自從兒子去牛津讀書，父子倆再也未能見面。在父子通信開始不久，做父親的便意識到或許可以出版這些書信。只是他不會料想到，這場通信維持了三年，以他的猝然去世而告終。

在給母親的信中，奈保爾表達對父親的哀思：「我所做的每件事，若是我認為做得出色，我總是想，『爸聽了會高興。』」在某種程度上，我把我的生命看作是他生命的延續，這種延續，我曾希望

也會是一種完成。現在仍然是；但我必須放棄將來跟爸做伴的想法；我必須奮力獨自站起來。」

從牛津畢業後，奈保爾留在倫敦做起了自由撰稿人。1956 年初，《靈異推拿師》獲得接納，他給家裏拍了一封報喜電報，並寫信告訴姐姐：「這是我離開特立尼達以來就一直盼望寫的信。這是關於我的書。」

遺憾的是，這封信，還有這本書，都失去了最為親密的一個讀者。如果他，西帕薩德，能夠活著並且讀到另一本書《比斯瓦斯先生的房子》，他或許比任何人都更為真切地意識到，他的一生是為兒子的創作準備的。奈保爾的信中說：「這是關於我的書。」然而，這也是關於「我們」的書。是「父親和我」，而不僅僅是「我」的書。

一個貧賤之家，報喜也報憂。一個聰明、覺悟而又容易灰心的父親。一個地圖上像是可憐的小蝸牛那麼大的故鄉。一個殖民地「微型的農村印度世界」。這就是奈保爾帶去牛津、擱在寓所角落裏的所有資產。

那麼，這也未嘗不是一種讓人感到害怕的血緣聯繫；有甘蔗園勞工難以被抹去的歷史，那卑微的貧苦和羞恥。也許，一個像他那樣天賦聰穎的年輕人，有理由認為自己是高貴的；像但丁在其神秘的經院哲學中透露的，還存在著另一種聯繫，另一個源頭，就在星辰所在的位置上；那是從虛無中剛剛寫下的一行詩句，新鮮、有力、瑩澈動人。難道不是嗎？

《奈保爾家書》沒有充分講述這一點。它讓人看到的，是奈保爾作品中已經熟悉的那個純世俗的視角。看到作家誕生前的一段序曲。或許還有父親的死所包含的奉獻和祭品的意義。

【作者按】

　　書信的引文部份採用黃燦然譯潘卡季‧米什拉〈奈保爾先生的房子〉一文。

（《奈保爾家書》，北塔、常文祺譯，浙江文藝出版社 2006 年 1 月初版）

此文原載於《書城》2008 年 12 月號

批評的抵制

　　最近翻譯出版的羅蘭·巴爾特的《零度寫作》，還有各種時興的文論會讓人提出一個疑問，文學批評究竟要不要研究作家？

　　這個問題似乎不難回答。作家的文化遭遇，時代環境，還有創作思想所受到的影響，對於文學的研究總是必不可少的。弗拉基米爾·納博科夫的《文學講稿》——極為鄙視庸俗的唯物主義研究——聲言福樓拜的《包法利夫人》是「一個童話故事」，卡夫卡《變形記》中的「薩姆沙一家圍著那只怪誕的蟲子無異於凡夫俗子圍著一個天才」（類似的驚世駭俗的言論在書中比比皆是）；認為文學除了「風格的精髓」並無更重要的東西。然而，他的論述終究沒有省略作家生平及社會氣候的相關介紹，對作品（無論它是「童話故事」還是「魔術家的魔術」）的主題及外延仍是兼顧的。分析《包法利夫人》，沒有忘記要重新審定「布爾喬亞」這個詞的社會學定義。納博科夫對流行的意見多有挑釁和拒斥，有時免不了孩子氣，但在《文學講稿》中，他的憤世嫉俗卻不能說是誇張的。因為在大量的文學教科書和專題學術研究中，有時竟看不到文學的文學性，看不到經典作品之為經典作品的魅力，看不到一個作品特殊的肌理和光澤，好像文學的學術評價乃是基於某種不同的認知標準，而在通常所謂的學理性的自我評價中，文學其實不過是一具乾癟的附庸。

　　《文學講稿》中譯約三十三萬字，只論述七位作家的七部作品。它講授「歐洲小說」，不外乎是以經典的作家作品為其研究對

象（將斯蒂文生的《化身博士》列入其中是否合適，還可商議），是以作品的細讀和美學評估作為分析的基礎，這對於文學研究來說是一種恰當的做法。伊塔洛‧卡爾維諾的論著《為什麼讀經典》，研究的方法也是大同小異。相對於批評史上的兩種極端化傾向，卡爾維諾和納博科夫的評論似乎抱持一個折中的立場；把作家的創造視為高明的個案來研究，認為文學是一種高度複雜的智力現象；衡量一部小說的質量如何，「最終要看它能否兼備詩道的精髓與科學的直覺」，而批評對創作現象的分析，也是基於詩性的洞察與理性分析，兩者不可偏廢。這是一種克羅齊式的美學觀在批評實踐中的體現。文學包含哲學、宗教和社會學的不同維度，但文學不是哲學、宗教和社會學的資訊交易所。批評的職責仍是評斷一部作品的藝術價值，指明其創作特性及風格內涵，包括作家的精神傾向、作品所蘊含的思想啟迪及藝術上特殊的愉悅感。

　　談到批評史上兩種所謂的極端化傾向，這裏需要略微加以回顧。傳統文學批評的一個弊端，是從批評的注意力向外擴展開始的。研究者的興趣從作品轉移到它的週邊，在蕪雜瑣細的考證中進行傳記式和歷史式的背景研究，而作品本身的價值往往反倒是被淹沒了。作為這種偏向的反動，某些現代批評流派則走向另一個極端。他們把作品當作是一種純粹而孤立的元素來看待，將它的外延和聯繫切斷，認為包括作家在內的一切相關因素都可以被摒棄，批評的關注只在於作品純「藝術」的範疇。例如「新批評」派主張用「本體論」來代替歷史主義研究。「新批評」的理論家維姆薩特在其〈意圖謬見〉一文中宣稱：「要衡量一部作品成功與否，作者的構思或意圖既不是一個適用的標準，也不是一個理想的標準。」「詩

確非批評家自己的。但同時它也不是作者自己的。它一生下來，就立即脫離作者而來到世上。作者的用意已不復作用於它，它也不再受作者的支配。」因此，有關於作家及其背景的研究不僅要被剔除，連同其創作母體的生成要素也要被從「文本」中割裂開去。所謂的「文本」自有其獨立而自在的性質；在這個新的照明角度中，語言科學和符號學的興趣，精神分析學的意圖，逐漸開始呈現出來。過去的西方文論中使用「文本」這個詞，與現在使用的語境是不同的。現在流行用「文本」代替「作品」，作為一個術語的使用已被廣泛採納，而且被賦予了某種解剖學的屬性，這也是形式主義的「新批評」思潮帶來的影響。

維姆薩特對於所謂的「意圖謬見」之糾正，其「意圖」也並不完全在於要維持作品在藝術上的相對獨立性，而是要擴大批評家在其闡釋活動中的自由和權力。他宣稱，作品一經問世，「作者的用意已不復作用於它，它也不再受作者的支配」，這倒並非是為了強調，作品的意義大於作者的意圖，創作的思想有時也不受作者的支配。他的意圖是要申明，批評家不但可以擺脫被暗示和被支配的地位，還可以使文本的闡釋進入到某種不受干擾的更為自由的境地。這是對批評的主體性和話語權力的一種要求，意味著批評要進入到一個自由化的過程。在這個過程中，批評的精神（主要還不是方法）出現一種根本性的變化。從維姆薩特的宣言出發，「新批評」從傳統的立場（不僅僅是指歷史主義的批評方法）分離出去；它的一個明顯的後果便是帶來批評的「自治」。

有人認為，後期文化批評中的一些問題，是解釋學和精神分析學氾濫的結果。新批評是歐美經驗主義的產物，試圖將印象式批評

系統化和科學化，這與歐陸唯理主義傳統下的符號學、結構主義和精神分析學的興盛有所區分。因此，新批評對後期文化批評產生影響並不意味著新批評本身是無度的。但是從史的角度看，也不妨認為當代流行的批評話語是從「新批評」這個口子裏出來的；它開了自我體系化的先例，已然包含了未來批評的趨勢。像目前很受歡迎的「文化批評」，包括女性主義批評、生態批評等等，表面上看似乎是意識形態批評的延續和變種，是源自於傳統的社會學批評，實質仍然是「新批評」精神的推廣和體現。「新批評」獲得自治的一個後果，便是各類批評話語的勃興。批評乃是對於批評的主體性和話語權力的要求。文學批評的本體與其說是在於文學，還不如說是在於批評本身。批評已經成為一門有其自身興趣和議題的獨立學科。文學進入批評，它也是作為被新批評的各類分支加以瓜分的「文本」而存在；就像詹明信所宣稱的那樣，所謂的文學性並不是首先要考慮的因素。這對於當代文學批評的職業態度，倒是不失為一種坦率的表白；雖說在這場日益表現為「自治性」的職業活動中，已經過時的「文學性」也會像難纏的幽靈偷偷溜進來，讓這些頗有才智的人有時略微感覺有些不安。

　　這個方面比較典型的例子，是愛德華・賽義德對於康拉德的《黑暗的心》所做的評論。賽義德在〈《黑暗的心》裏的兩種認識〉、〈敘事與社會空間〉等一系列文章中評論康拉德的創作，對於這部小說有頗為濃厚的興趣。他的這些文章，可以看作是對阿契貝（Chinua Achebe）抨擊康拉德是種族主義者那篇文章的一個呼應；歸根結底，是要讓人以一種譴責性的眼光來看待這個作品。文章的作者承認康拉德對於「比利時殖民主義的批判是有力的」，但

是這樣一個「難得的文本」必須揪出來並且推上審判席，是因為「從狹義上講，它屬於歐洲人牽掛非洲、算計非洲以及計畫瓜分非洲的一部份」。於是在這場頗具聲勢的回顧與缺席審判之中，康拉德那種複雜的敘述便和「帝國的態度」直接劃上了等號。

根據這些文章的說法，《黑暗的心》「之所以如此引人入勝，可以說原因在於其政治觀點和審美原則都具有帝國主義性質」；主角庫爾茨和馬婁，「前者是叢林中的白人統治者，後者是叢林中的白人敘事者」；庫爾茨「驚心動魄的冒險擄掠」，馬婁「溯江而上的航程，和敘事本身，都貫穿一個共同的主題：歐洲人在非洲實施帝國統治和意志」。文章的作者強調說，康拉德和馬婁「兩人誰也沒有讓我們充分認識，在征服世界的姿態以外還有什麼。」

賽義德的解讀，是在他就文化帝國主義所做的論辯中形成的。他的評判攙雜著一系列附加的傾向也是顯而易見。將馬婁「溯江而上的航程」說成是歐洲人「實施帝國統治和意志」，單就種族與身份的表徵而言或許解釋得通，然而，這是一種過於簡單化的判斷。與對作品半途而廢的分析留下的粗率相似，作者通向結論的邏輯也是過於散漫，並不具有真正的說服力。實際上，在他的解讀中有一個問題始終困擾著他，就是敘事人馬婁到底想要說些什麼？那些「古裏古怪」和「充滿矛盾」的獨白，在敘述中究竟具有怎樣的意義？對這些問題不作解答，小說的解讀實質便是無法成立的；不管我們是從哪一種理論觀點出發，最終想要得出怎樣的結論，對故事和形象的深入理解仍是批評中繞不開的環節。在〈《黑暗的心》裏的兩種認識〉一文中，賽義德顯然是遭遇到了（像任何一位解讀者必然會遭遇到的那樣）深入理解所帶來的壓力；他的表達也顯示了

65

壓力之下的焦慮和鬥爭。然而，他的解脫是來得如此之快；在不到一千字的例證分析中，除了表示馬婁的話語「喋喋不休讓人煩膩」、總的說來是難以理喻之外，他其實並沒有做出更為具體的分析，便匆匆轉入到一個毋庸置疑的結論：

> 然而（作者按：文中這個「然而」來得太快也太沒有轉折的邏輯），庫爾茨和馬婁兩人所說的全部內容不外乎帝國控制，歐洲白人對非洲黑人的統治，不外乎象牙，以及文明對於原始黑暗的非洲大陸的衝擊。

用兩個「不外乎」敲定結論，語氣咄咄逼人。不過，作者的評判未免顯得太過自信。既然承認無法完全弄懂馬婁獨白的語義，又何以能夠聲稱「馬婁所說的全部話語」是什麼？我們不禁要問，這個「全部話語」的「古裏古怪」「充滿矛盾」的表述難道僅僅是為了說明「帝國的控制」？康拉德的小說居然是如此的無聊、荒唐和低能，在我們解讀的代理人看來，它用了複雜的技術和高密度語言，用了伊恩‧瓦特所謂的「延宕和解碼」的手段，只是為了表達這樣一個主題。那麼，這個主題的表達究竟是說明作者的「覺悟」還是「不自覺」呢？

賽義德認為：「康拉德的可悲的局限性在於，即使他清楚看到，在某種層次上帝國主義純粹是想支配其他民族，掠奪土地，他最終仍然無法認識到，帝國主義必須退出歷史舞台，從而讓『原住民』自由自在地生活，擺脫歐洲的統治。康拉德作為他的時代的產物，無法賦予原住民以自由，儘管他對奴役他們的帝國主義進行了嚴厲的批判。」

　　認為原住民的自由僅僅取決於帝國主義退出歷史舞台,這種論調在政治上是否算得上清醒,是否顯得過於樂觀,或者與康拉德這篇小說的主旨是否相關,這裏暫且可以不論。如果照他說的那樣,小說對於帝國主義的奴役確實是做了「嚴厲的批判」,那麼,又何來所謂的「可悲的局限性」?我們用來評斷「局限性」之「可悲」的標準又是什麼?按照賽義德的標準,小說的作者只有預見到帝國主義退出歷史舞台並且賦予原住民以自由,方能真正被解除思想上「可悲的局限性」。

　　這種批評的邏輯和語氣,是有欠誠懇的。閱讀賽義德的這些文章會讓人感到,作者的出發點確實不是為了所謂的文學批評。這是一種意識形態的變相的清算,用了文學作品做清算的靶子。而他對於作品的有意肢解,也不是沒有出現過自我的疑慮和不安;他的信心是來自於政治上的正確。在他自恃是高亢正直的抗辯的姿態中,他把自己放在一個完全是無辜因而也完全是正確的席位上,而且儼然是超越了歷史「可悲的局限性」,這個姿態真是那麼令人信服嗎?

　　賽義德的文化帝國主義批評,結合法儂的觀點和歐洲知識左派的立場,試圖給「敘事及社會空間」開闢一個新的批評角度。對於十九世紀晚期「殖民小說」所規範的體制形態及其文化表達,他的拒斥與批判的立場不能夠說是不正確的。他認為,「敘事者的權威」對於「歷史的佔用」與帝國主義對於「疆土的控制」,兩者之間是一種文化意識形態的同構關係,因此,康拉德和馬婁的敘事便是這種文化功能的有效再現。問題在於,這種理論判斷如何與作品的表現結合起來,從而獲得對於敘事形態的理解?如果我們認為,《黑

暗的心》的敘事形態已經到了學術上無須探討的程度，相信賽義德本人也不會這麼看。馬婁為何逃離「僵屍之城」？為何要尋找庫爾茨？這兩個動機為何溢出敘事表層，在敘事人的話語中尋找結合？這些問題在論文中被輕易繞過，代之以武斷的結論——康拉德和馬婁「兩人誰也沒有讓我們充分認識，在征服世界的姿態以外還有什麼」。這種對「意識形態同構關係」的過於簡慢的理解，如果不能說是批評對於作品的一種歪曲，思想上也是很輕率的。

　　批評需要新觀念，也需要新的術語和角度。但是怎樣才能出新？流行的「文化批評」的許多做法多少給人「速成」的印象，使人對這種批評的方法產生質疑。這倒不是說，文學不可以從外部的立場來研究，進行文化的專題和局部功能的分析，不可以從財產、婚姻或女性地位等諸如此類的議題展開討論。也不是說，批評的實踐和主體性思考就不能夠算是一種精神生活，對於精神的價值來說一定是外來的，缺乏生命力的。賽義德的文化帝國主義批評，對於後殖民時代總體思想狀況的理解是有助益的；為東西方文化的遭遇及相互間的關係提供一種理論思考的主動性，未嘗不含有使人反思的意義。他對於《黑暗的心》的評論和分析卻做得不好，沒有給這個專題的研究帶來新意。這個當然不能歸結為是批評家個人能力的某種不足，或是缺乏「傳統」和「身份」（「Out of Place」）所致。事實上，他本人的自傳作品寫得很出色，歐洲文學和音樂的修養也是好的。他的不少專題批評文章，寫得粗率、生吞活剝、自大而且不夠嚴肅，恐怕也是與當今學院中流行並助長的學術風氣有關。

　　儘管賽義德被視為後殖民和後現代「知識份子良知」的代表，他本人也是試圖從「良知」的迸發中找到同義反覆的自信，從中

汲取寫作的激情、意識和表達的連續性。但是從他的那些文章中又哪能看到一點對「職業病」的叛逆呢？那種自負和晦澀之風，不肯承認自己所知不多或者事實上也可能是很無知，承認這一點或者怕是於飯碗（教授席位，也就是帝國主義文化體系的受雇用者）不利。如果我們從賽義德的評論作品中能夠聽到一個良知和抗辯的聲音，那麼同樣（或同等程度地）能夠聽到一個良知上不願自我否認、缺乏深入懷疑的聲音。對於馬婁這個敘事主題的「怪異」和「反常」拒絕做出深入的理解，歸根結底是說明，這種批評方法的本質是自滿的，停留於自我外在的層次上，不願相信精神生活中還有更深刻的東西。這種深刻的精神存在或許與第三世界的感受缺乏現實的關聯，但這也沒有理由讓我們對它做出狹隘的評判。可以說，美國的當代主流批評確實充滿懷疑、顛覆和質詢的話語，但似乎與希臘的精神是甚少相通的。希臘精神中的懷疑和不輕信，包含著思考的德性和度的問題。現在的文化傾向是把這個東西給丟了。結構主義的代表人物喬納森・卡勒說：「正如大多數智識活動一樣，詮釋只有走向極端才有趣。四平八穩、不溫不火的詮釋表達的只是一種共識；儘管這種詮釋在某種情況下也自有其價值，然而它卻像白開水一樣淡乎寡味。」他對於所謂的「過度闡釋」做出了一番有趣的辯護。

J. M.庫切在其自傳體小說《青春》中，曾談到彌漫於英國知識界的輕佻風習。就如人們要探究馬婁的逃離和痛苦是一種什麼樣的情感，庫切筆下的主人公試圖去理解安東尼奧尼的影片及人物的情感。篇中那個「他」這樣講述自己的觀感：

莫尼卡‧維蒂和安東尼奧尼電影中的其他人物所承受的痛苦
是一種他很不熟悉的痛苦。實際上，這根本不是痛苦，而是
更為深刻的東西：疑懼。……疑懼似乎是一種歐洲式的、
完全歐洲式的東西；它尚未找到進入英國的途徑，更不用說
英國的殖民地了。

《觀察家報》中的一篇文章把歐洲電影裏的疑懼解釋為出自
對核毀滅的恐懼；同時也出自上帝死亡後對一切的心中無
數。他不相信這說法。他無法相信，在莫尼卡‧維蒂滿能夠
待在旅館涼爽的房間裏被男人求愛的時候，把她打發出去，
冒著太陽兇猛的火球走在巴勒莫的大街上的，是氫彈或上帝
沒有給她指示。無論真正的解釋是什麼，必定比這更複雜。

疑懼同樣也咬嚙著伯格曼的人物。這是他們無可救藥的孤獨
的原因。然而《觀察家報》在談到伯格曼的疑懼時，提出不
要過於認真地對待它，說有點做作的味道，是和北歐漫長的
冬天、酗酒之夜和宿醉有關係的一種裝模作樣。

他開始發現，連人們認為的自由主義的報紙如《衛報》、《觀
察家報》都對精神生活持很不友好的態度。當他們面對深
刻和嚴肅的事情時，嘲笑起來很快，用句俏皮話就給打發了。

　　文中所謂的「對精神生活持很不友好的態度」，這句話道出
了癥結之所在。如果事實是連所謂的俏皮話也不大聽得見，倒是
有不少只能理解為是俏皮話的東西，那又該如何呢？能否說，對
海明威《老人與海》的「生態批評」也算是一種幽默？把漁夫聖

地牙哥說成是破壞海洋生態的「原罪」形象，除此之外便別無意義，這是對文學的一種有意義的解釋嗎？當然，意義總還是有的，那就是批評只要把自己放在原告的位置上，便可以找到繼續炮製批評的資源，是亦可謂批評家的一項「學術事業」（academic industry）。

《西方正典》（The Western Canon）的作者哈樂德‧布魯姆，對當代流行的批評理論持反對態度。他把女性主義批評、新馬克思主義批評、拉康的心理分析、新歷史主義批評、解構主義及符號學等都列入反對範圍，並給它們加上一個稱謂——「憎恨學派」（school of resentment）。較之於庫切所說的「不友好」，這個稱謂更進了一層。

然而，雅克‧德里達對馬拉美的「第一部討論」是精彩的。拉康對「真實域」的闡釋富於啟迪。羅蘭‧巴爾特的《零度寫作》點評普魯斯特和羅布-格里耶，也不是說沒有真知灼見。這張名單可以開得很長。可以說，當哈樂德‧布魯姆旗幟鮮明地反對流行的批評話語，他是在抵制一種知識氣候，抵制批評對於文學經典的動輒顛覆，包括批評對象的工具化，批評對自身和對象均缺乏誠意的態度，那種集體有意識和集體無意識的文學冷漠症的擴大，滿足於理論話語（很多不能稱之為是理論）的自說自話，等等。因此桑塔格提出「反對闡釋」，艾柯要求回到「作品本身」，抑制「過度詮釋」，也都是對這種狀況的反撥。

這其實並非是有關於「激進派」與「保守派」孰是孰非的體系之爭的問題。也很難說是文化上是否允許多元化的問題。這是一種對批評職責的鑒別。在文學批評的領域中，如果連哈樂德‧

布魯姆的主張和實踐都已淪為一種「對抗性批評」（antithetical criticism），那麼可見的是，當今流行的那種知識氣候也很難能夠說是不反常的。

【作者按】

　　主要參考文獻是《賽義德自選集》，謝少波、韓剛等譯，中國社會科學出版社 1999 年。此文的寫作吸取了李靜、范昀的批評意見。

　　　　　　　　　　此文原載於《中國圖書評論》2008 年第 10 期

小說家言

──讀毛姆《巨匠與傑作》

　　小說家談小說，不必披上學術與理論的外衣，可以暢所欲言，倒常常能給人以教益。小說家不喜歡佈道者這個角色，寧願以經驗論者自居，談一點技巧和故事的經脈，且不避諱偏見。像納博科夫寫《文學講稿》，條分縷析講小說，已算得上是高頭講章，一派學院風範，可他總是不忘記跟學院教授和批評家抬槓，拆他們的台。此翁甚至自導自演，在大學演講廳當眾撕毀《唐吉訶德》，斥其為「野蠻之作」；驚世駭俗之狀一點不輸於行為藝術家。說穿了也是，一部小說讀不下去或是讀了並不喜歡，為什麼還要說它好？納博科夫為《唐吉訶德》寫了一部詳盡的論著，然後又將小說當眾撕毀，不知他撕碎的是誰的愚昧？托爾斯泰好像也做過這等事，伏案寫出幾萬字的莎士比亞專論，結論是，莎士比亞不好。

　　現在來了英國人毛姆，他評論歐美小說家的書。封面勒口上那幅抱臂獨坐的彩色肖像，頗具異國情調；此老伶俐精刮，微昂著頭，神態活像遠東的鴇母。

　　1945 年，毛姆為美國《紅書》（Redbook）雜誌選出世界十佳小說，為之撰寫系列書評，結集出版之後，便有了我們現在看到的

這本《巨匠與傑作》（Ten Novels and Their Authors）。所選的十佳小說是亨利‧菲爾丁《湯姆‧瓊斯》，簡‧奧斯丁《傲慢與偏見》，司湯達《紅與黑》，巴爾扎克《高老頭》，狄更斯《大衛‧科波菲爾》，福樓拜《包法利夫人》，赫爾曼‧麥爾維爾《白鯨》，艾米莉‧勃朗特《呼嘯山莊》，陀思妥耶夫斯基《卡拉馬佐夫兄弟》，托爾斯泰《戰爭與和平》。

毛姆補充說，他還可再擬一份不同的清單，理由同樣充分；好小說何止這十部。就像納博科夫滿懷激情在講壇上佈道，感覺自己被虛偽的文士和法利賽人包圍，毛姆看見的則是眾多的讀者粉絲，彼等不可調和的口味。他好像看見他們為自己心愛的作品落選而憤憤不平，於是寫序言說明，他「武斷」的選擇是基於何種原則。他倒覺得《唐吉訶德》是「一部偉大而重要的著作」，之所以落選，是其中「乏味荒唐」的段落太多，因此為讀者計，有必要搞一個縮寫版。他還透露說，他是普魯斯特《追憶似水年華》的「狂熱崇拜者」──「本人寧可讀普魯斯特讀倒胃口，也不肯讀其他作家來獲取快樂」。但是這部巨著同樣沒有選入，考慮到「未來讀者」對書中「那些長篇累牘、雜亂無章的內心反思」未必感興趣，他認為最恰當的方式是搞一個縮寫版。還有撒母耳‧理查森的《克拉麗莎》，也要搞縮寫版。總之，他為讀者心不在焉的興趣考慮。像他的小說《刀鋒》、《月亮和六便士》，寫的是哲學家和畫家求道的傳奇故事，貼近的還是普通讀者。

他的原則是，一部優秀的小說必須具備如下幾個條件：首先，應當具有一個能夠激發廣泛興趣的主題，也就是說，具有廣泛人性的主題，能夠吸引所有的普通男女；其次，故事前後連貫，有開頭、

中間、結尾，而結尾應該是開頭自然發展的結果，情節不光要發展主題，還應脫胎於故事；再次，人物具有個性，行為和語言應該源於其性格（絕對不能讓讀者說：「某某決不可能這麼做。」），倘若人物自身又非常有趣，那就更好了；另外，敘事語言力求簡潔生動，讓受過一般教育的人能輕鬆閱讀，風格應該適合內容，「就像一隻漂亮的鞋適合一隻勻稱的腳一樣」；最後也是最關鍵的一條是，應該趣味十足，如果缺了這一條，其他的都沒有意義。

「一部小說，其中的趣味越是發人深思，那就越好，」毛姆辯論說，「藝術的目的是為了愉悅……除了肉體的愉悅，還有頭腦的愉悅，如果說後者不是那麼強烈的話，卻更為持久。」把小說當成佈道壇或講壇，當成宣傳品或知識教育，在他看來都是一種陋習。他以牛津辭典對藝術所下的定義，說明作家力求達到但又永遠無法達到的目標，就是要把小說這種有缺陷的形式變成一種完美的藝術形式，是「以追求工藝完善、效果完美為對象而展現自我的技巧」，而且必須勻稱和諧。質言之，對於美感和思想所作的純粹愉悅的回應便是他所謂的「趣味」，舍此之外是不完善的，甚至是品級低下的。

毛姆的小說觀，屬於西方近現代主流文學的觀念，也就是通常所說的嚴肅文學。只不過我們並不是從他所選的十佳小說，而是從他羅列的原則和具體分析來瞭解他的小說觀。單就他所謂的「趣味」而言，倒不像某些論者所理解的是缺乏深度，「要把一個甜品吃到底」，而是比較接近於文藝學的抽象，帶著點理念論色彩。當他聲言「小說的目的是供人娛樂」，他很清楚這句話容易遭到攻訐，似乎顯得不夠嚴肅，與其實際主張相悖。毛姆提倡的是自然情感的恰當描繪，並不喜歡肉慾感官的渲染，對於人性反常古怪的傾向更是

敬而遠之。這在序言和正文當中講得很清楚了。他選的小說是否都能符合他的原則，怕是需要另當別論；他用自己的原則來評論這些小說，則是一點都不含糊的。

他會說《白鯨》的開篇令人讚歎，人物一個個鮮活可信，故事情節緊張，極富戲劇性，但是作者寫那些鯨魚自然史的章節，脫離了正題，破壞了故事懸念，讓人難以理解。他覺得作者欠缺的是法國人所說的 l'esprit de suite（流暢下筆的靈感），「頭腦笨拙，不善推理」，過於重視自己千辛萬苦學到的知識，在寫作中出了毛病。他說：「誰要是說這部小說結構嚴整，那他可夠蠢的了。」然後又補充說，麥爾維爾這麼寫自有其道理，讀者應該容忍他的「結構失誤」，因為他這個人特別固執，「似乎竭盡全力避免讓讀者享受」，「堅持寫自己想寫的東西」。在毛姆看來，麥爾維爾和艾米莉・勃朗特、陀思妥耶夫斯基、喬伊斯和卡夫卡等人一樣，應歸屬於「物種突變」的反常現象；他們是一群基因特殊的「變異人士」，因此才會寫出那樣的作品。

在評論麥爾維爾章節的結尾他寫道：「這是一個上天賦予其無窮稟賦，卻又被罪惡天才毀壞的人，結果就如一株龍舌蘭，剛剛開出燦爛的花朵就枯萎凋謝了；一個憂鬱哀傷的人，飽受自己躲之不及的本能所苦；一個意識到道德已經遠離自己的人，痛感失敗和貧窮的酸楚；一個內心渴望友情，卻發現友情也沒有價值的人。這就是我眼中的麥爾維爾，一個我們只能對之深懷同情的人。」

從這一段耐人尋味的總結，可以看到毛姆行文和洞察的深入，堪稱是小說家手筆；他把關注帶入到富於同情的悲劇性感受的領域。我們不至於求全責備地質問，難道這就是麥爾維爾？我們或許

會思考這個形象背後的暗示──他的身世和幻覺，他長期默默無聞不被理解，他迄今仍顯得神秘動人的作品，還有他詩人的聖潔又瘋狂的揮霍（傑克・凱魯亞克至多是他的一隻小腳趾頭），他用語言（包括鯨魚自然史論述）構築的巴比倫通天塔，猶如桅杆或鯨魚噴出的水柱，從荒涼巨大的水域升起。以尋常的審美觀念來衡量他的創作，還是遠遠不夠的。

有關於麥爾維爾非凡的藝術追求，毛姆談得還不多。他把作家當作一個小說人物來寫。以閱讀小說所得的印象加深對作者的瞭解，自然是無可非議。但我們也會感覺到，像他那樣來評論《白鯨》仍是籠統的。說麥爾維爾頭腦笨拙，不善推理，缺乏流暢下筆的靈感，這種話也只有毛姆說得出來。對他而言，大概象徵主義之後用來表達感覺印象的新結構更是一團混亂，喬伊斯和普魯斯特都是如此，而唯有勻稱的敘述才稱得上是好結構。他看不到藝術家的自我之上疊加的那個宇宙是神秘的，以為作者和讀者都是外來的觀光客，只能表示有限度的好奇。實際上，他本人比他所認為的麥爾維爾恐怕更加固執，以為所有的材料和思想都要用同樣的刀尺來剪裁，所有的怪誕和頑念也都可用作者的生平來解釋。不得不說，這是一種匠人的思維方式。

談到艾米莉・勃朗特，他批評她的小說結構臃腫，文筆不佳，卻「強大有力，激情澎湃」，「想不出還有哪部小說裏，痛苦、狂喜、愛情的殘酷得到如此有力的闡發」。這個兩分法的公允評價，和他談論麥爾維爾一樣，觀察的視野是平淡無奇的，還帶有那麼一點女大學生的浮誇。羅伯特・穆齊爾曾在《日記》中談到艾米莉・勃朗特，他說：「只需再多一小點反諷，這個做出正直的不端行為的管

家就會是一個世界性人物。」在毛姆的文章中，確實很難讀到類似的精彩句子。他是那種口味比較老派的英國人。不能說太狹隘，但總有點迂腐的學究氣。說他是經驗論者，他其實是唯理論者。說他是唯理論者，他是經驗論者。這一點他倒是和羅素有些像。《巨匠與傑作》中的評論，有時會讓人想起羅素的《西方哲學史》或《西方的智慧》中的論調。毛姆對於事物的見解率直自信，但似乎還稱不上高明；即便是自以為武斷尖刻，也仍流於調和溫順的階段；文筆自然流暢而帶有那麼一點姘娌味兒，絕不至於讓人討厭但確實是有點俗氣。

　　此書最後一章「尾聲」中，他讓這些作家聚在一個客廳裏聊天。托爾斯泰大談上帝和性愛。陀思妥耶夫斯基悶悶不樂，對托爾斯泰心懷嫉恨。福樓拜嗓門大。同性戀者麥爾維爾開懷大笑。艾米莉・勃朗特神經煩躁，格格不入，顯然是性苦悶。巴爾扎克粗俗的舉止令人遺憾……作者也許覺得這個安排異想天開，很有趣。當人們拋棄笛卡爾轉向佛洛伊德，可以肯定的是，類似的描寫會被吸收擴展，甚至還會被看作是「妙趣橫生」呢。

　　書中的某些觀點出人意料，也不妨挑出來略加評論。比如，談到《包法利夫人》的人物，毛姆認為福樓拜塑造的角色都十分成功，其真實性令人深信不疑。「就舉奧麥這個例子，他跟密考伯先生一樣幽默，而且他在法國人心目中就像密考伯先生在我們心目中一樣熟悉；而且我們就像不信密考伯先生一樣深信他奧麥，因為此人跟密考伯不同，他始終堅持真實的自我。」

　　這個「奧麥」（Homais），李健吾先生的譯本叫做「赫麥」，是永鎮的藥劑師。李健吾先生稱他是「完美的半吊子科學家形象」。

納博科夫的《文學講稿》中乾脆說「他是個傲慢的蠢貨，一個沾沾自喜的騙子，十足的市儈」，「為了生意興隆，為了獲得勳章，他不在乎出賣自己的尊嚴」。納博科夫為這個人物列舉了七大罪狀，痛恨之情溢於言表。J.M.庫切的新作《凶年紀事》中有一段自嘲文字，用的也是這個典故。他說：「這段時間以來，某些國家的官方或是其他方面的人士想在我凹陷的胸部繫上一根綬帶，而我與這個社會的再同化也將大功告成。Homais，c'est moi.」譯者文敏注解道，庫切模仿福樓拜的名言，用法語說：「赫麥，就是我。」

毛姆熟悉狄更斯小說，用法語讀福樓拜作品，在文章中對福樓拜的文體修辭還有專門的分析。不知道他是從什麼地方看出赫麥這個人物「跟密考伯先生一樣幽默」，為人真實而且可以相信。小說作者雖不像同時代作家那樣在敘述中公開自己的觀點，他對角色的塑造卻是有典型性的。認為赫麥這個人物幽默、深入人心而且堪為楷模，只能說，毛姆的觀點實在是與眾不同。

米蘭‧昆德拉說：「我們現在所談論的小說是歐洲的一種文化；歐洲不復存在，人們仍可根據卷帙浩繁的小說將它複製出來。」但需要補充的是，從傳承的立場看，人們在複製之前還要對小說進行探討。目的不是消除分歧，求得唯一正解，而是希望有深入的理解。我們讀毛姆的《巨匠與傑作》，覺得類似的探討還要持續下去。像陀思妥耶夫斯基的創作，已經被研究得很多了；人們見仁見智，傳播各種不同的見解。毛姆指出，陀思妥耶夫斯基行文冗長，明知故犯，令人深感惋惜。而長期以來，持相同看法的大有人在。批評某人的語言冗長囉嗦，一般是指單位頁面上資訊的繪製無謂重複，層次的遞進不夠明顯，屢屢出現與主旨結構關係不大的段落，語言缺

乏節奏感，敘述的角度也缺乏轉換，等等。以此來衡量陀思妥耶夫斯基的語言，我們能得出那樣的結論嗎？

篇幅長並不等於囉嗦，篇幅短也未必意味著思想的精製。俄國小說的好看，可以說，恰恰是在於冗長，因其思想的精製程度高。這裏指的就是陀思妥耶夫斯基，他那些完成或未完成的大部頭。即便是巴別爾的獨具一格的精短，也不能說其精製的程度超過了陀思妥耶夫斯基。這不是一個可通約的創作形制的問題。納博科夫講評陀思妥耶夫斯基，單選《地下室手記》（標題譯作《地板下的回憶錄》），認為是陀氏風格最完善的作品，但仍嫌其報紙新聞體式的語言太粗俗。他對這個問題的認識與毛姆的也是相差無幾。本以為，在一個相對敏銳的小說家群落內，對於敘述語言的詩性感受會更開闊些，至少比普通讀者更善於打破偏見，但有時好像未必如此。

納博科夫沒有說，讀《地下室手記》第一段不發笑，後面更可笑的也就不會笑了。他更沒有說，斯塔夫羅金的自白，講述其罪行、夢境還有洋繡球花葉子上的紅蜘蛛，這種段落的語感只能出自於最棒的敘事作家。這令人感到惋惜。毛姆談到老卡拉馬佐夫，他或許可以談談佐西馬長老修道院裏的那幕醜劇，而不應該只是借用敘事人的片言隻語，說這個人物是「一個糊塗蛋」。老色鬼裝腔作勢的狡詐，給人的印象多麼深刻；他不怕出醜的過於精明的鬼把戲，把唯物主義者鮮廉寡恥的心理活動演繹得淋漓盡致，鋒芒壓過他的三個兒子。說這個人物是糊塗蛋那就上當受騙了。陀思妥耶夫斯基的小說寫得極為有趣，從老卡拉馬佐夫的形象也可窺見一斑。他的小說未必只是寫給哲學家看的。至於像毛姆那樣小說經驗豐富的人是否真能夠讀出樂趣來，有時也讓人不太肯定。

　　為報刊雜誌寫文章，難免不及展開作充分的論述。《巨匠與傑作》的寫作宗旨，是為不瞭解作品的讀者做推薦介紹，展開不多也屬正常。但是細讀此書，覺得作者還是難得充分地表述了他的小說觀，絕非是草率應景之作。此書已被譽為「文學評論的典範之作」，「同其討論的經典一樣成了經典」，「實在是一部獨一無二、不可估量的文學指南」。帶著這種讚譽去讀，結果可以發現，嚴格說來這是有關於十八、十九世紀歐美作家的一部列傳錄，是毛姆用小說家筆墨改寫的一系列故事。本書主要看點是在這裏。敘述是重頭戲，評論和探討佔據次席。他的三種身份——作者，讀者和評論家，其中最為活躍的無疑是作者身份，也就是他在講述大師的「生平和性格」時感到趣味盎然、格外敏感的那個自我，是擅長於講述故事的那個作家。他採取這樣的形式寫文學評論也是自然的。娓娓道來，轉折流暢，正是其下筆得力之處；細節與肖像的描摹，有一種再現的生動的快樂，而刺探別人隱私，傳播流言蜚語，則是小說家之所以是小說家的難以抑制的本能，在毛姆的筆下有著突出表現。從這本書中，我們可以更多地瞭解毛姆的見解、立場和美學趣味，包括他不加掩飾但也是超然於眾人之外的那種個性。

2009 年 1 月 14 日杭州翠苑

（薩默塞特·毛姆：《巨匠與傑作》，李鋒譯，
南京大學出版社 2008 年）

此文原載於《書城》2009 年 6 月號

尼加拉瓜的生者與死者

——讀拉什迪《美洲虎的微笑》

一

2008 年 4 月 17 日召開的第五屆美洲國家峰會開幕式上,尼加拉瓜總統丹尼爾·奧爾特加做了發言。發言長達五十分鐘,為全場之最,其間還拿豬灣事件與坐在台下的奧巴馬總統開玩笑,引起廣泛報導。奧爾特加的講話風格和發言時間之長都有點像他的老前輩卡斯特羅,顯得拘謹自負又力求幽默。

奧爾特加代表的是拉美激進的左翼陣營。他是在查韋斯的力挺之下於 2006 年當選尼加拉瓜總統;這是他第二次當選總統,也是桑地諾民族解放陣線(FSLN)再度執掌尼加拉瓜政權。讀過薩爾曼·拉什迪的長篇報告文學《美洲虎的微笑》(*The Jaguar Smile*,1987),會對中美洲左翼政治留下深刻印象。二十年前,奧爾特加首次總統任期內,雷根政府仇視這個親古巴政權,多次想要推翻它並進行武裝干涉。對於中美洲這個彈丸小國,那是一段風雲激蕩的時期:索摩查獨裁統治被推翻;美國隨時有可能大兵壓境;「康特

拉」反革命武裝到處尋釁滋事；新生的尼加拉瓜政權在死亡的威脅
之中令世人矚目。

　　1986 年 7 月，薩爾曼・拉什迪應邀對尼加拉瓜做了為期三
周的訪問，寫下《美洲虎的微笑》一書，對革命的尼加拉瓜政局
進行體驗和觀察。當時的奧爾特加四十歲左右，身份是總統、司
令和詩人。他最受歡迎的作品是題為《我想念穿迷你裙的馬那瓜》
的詩作。聯想到詩人曾幾度身陷囹圄，拉什迪詼諧地敘述道：「當
馬那瓜的裙邊撩過膝蓋，奧爾特加鋃鐺入獄。」在他的筆下，這
位「總統先生」的「模樣就像是一個上過形體訓練課的書呆子。
他的風度也是某種混合的產物，眼鏡片閃爍著，柔和的怯生生的
嗓音，還有與之截然相反的那種自信。你休想把沙子踹他的臉
上。」

　　《黑鏡頭》（中國文史出版社，1998）第六輯，收有巴西記
者奧利佛・羅的一幅攝影，題為〈各懷心思的會見〉，照片上尼
加拉瓜總統和美國國務卿舒爾茨坐在一起；膚色黝黑的奧爾特加
身著戎裝，小鬍子，黑框眼鏡，拘謹地端著咖啡杯，模樣頗有點
像中國兵團農場的知識青年。拉什迪也發現，中美洲人經常長得
有點像中國人。例如，尼加拉瓜副總統、著名小說家塞爾希奧・
拉米雷斯，身材高大魁梧，長相看上去卻像「地道的中國人，又
有點日本天皇的味道」。朱景冬、孫成敖合著的《拉丁美洲小說
史》（百花文藝出版社，2004），對這位副總統的創作有專章介紹，
說他是「一位多產作家，迄今出版各類作品近三十部」，文學史
上歸屬於「爆炸」後一代的「小字輩」，其代表作是出版於 1977
年的長篇小說《你怕血嗎？》。拉什迪在尼加拉瓜旅行時，身上

就帶著這部小說，英譯本名字叫《葬父》。拉什迪說，這部小說讀來令人驚歎。

總統和副總統年齡都在四十左右，而且都是詩人作家，這是「桑地諾政權」的一個特點，對於當時年齡相仿的作家拉什迪顯然具有吸引力。當雷根政府發動對尼加拉瓜的戰爭，作家從這個小國身上辨識到一種更加深厚的親緣關係，因為他們都是反抗強權的孩子，而且處境相仿，他們在北美或西方世界裏都沒有自己的根，都是從底層抬起頭來仰視別人。拉什迪說，他是「尼加拉瓜團結運動」在倫敦的發起人；去尼加拉瓜訪問，他的身份不完全是一個中立的觀察家；他同情並且支持這個馬克思列寧主義政權。從倫敦的書齋裏跑出來，和那些年輕的革命家分享尼加拉瓜改朝換代的故事，作家深切感覺到這個時刻所具有的那種震撼。

現在讀《美洲虎的微笑》，再去重溫那段歷史，誠如作者在1997 年的〈新版序言〉中所說的那樣，覺得它像是反映「冷戰時期某個熱點時刻的一篇童話故事」。短短二十年裏，歷史以它自己的方式超越那個特定的階段，打破羅曼司與現實之間曾經有過的平衡，某種意義上也使得青春的羅曼司讓位於玩世不恭的現實。「丹尼爾司令」垂垂老矣，雖是東山再起，再度執掌政權，舊時的「桑地諾政權」卻早已經四分五裂。今天拉丁美洲的政治潮流其實比當年更為左傾，除哥倫比亞之外全是由左翼政府掌權，但是它所啟動的與其說是冷戰時期的革命理想，還不如說是政治上難以簡單定義的拉美民粹主義（populism）思潮。《美洲虎的微笑》是一篇紀實性的報導，也是一本講述「希望」的書；

那個因趨近於歷史的焦點而放大的時刻，像一切傳奇故事那樣富於希望並且激動人心；我們誰也不能說，那個「時刻」其實未曾存在過。

　　薩爾曼・拉什迪觀察事物的眼光敏銳靈活，訓練有素，且富於旺盛的幽默感；他的觀察給這篇五光十色的報導帶來豐富的啟迪。飛機降落馬那瓜，他發現這座城市的特點是「充滿幽靈」。尼加拉瓜人口稀少，街上空空蕩蕩，街道和公園以烈士的名字來命名。「桑地諾萬歲！」，「基督萬歲！」，這類標語隨處可見。桑地諾陣線十位領袖的雕像矗立在廣場上，其中九個已被殺害，一個還活著，而那個「活人夾在了一群不朽者中間」。至於「那個最為著名的幽靈」桑地諾，他像印度的甘地那樣已經被徹底神化了。作家寫道：

> 我被這樣的一個事實所觸動，是桑地諾的帽子而不是他的面孔，才成了尼加拉瓜最強有力的偶像。一個沒有戴上帽子的桑地諾恐怕乍見之下還讓人認不出來，而那頂帽子已經用不著他再在底下出現去提醒人家。許多場合都可以看到，FSLN 的標語落款是畫一個示意圖，用來代表那頂聲名顯赫的帽子。這個圖案看上去像極了一個無窮大的符號，中間有一座圓錐形火山升騰而起。無窮大與噴發：現在這位來自尼奎諾荷莫的私生子已經變成一連串的隱喻。或者，我們換一種說法：桑地諾變成了他的帽子。

　　《美洲虎的微笑》第一章的標題就叫做〈桑地諾的帽子〉。作者在開篇寫道：「要去理解尼加拉瓜的生者，有必要先從它的死者

開始。」他在馬那瓜教堂的壁畫上又看見了桑地諾，進了教堂也戴著那頂帽子，在基督和天使身邊嚴格扮演著配角，而革命烈士豐塞卡，他的下巴頦上一撮山羊鬍子刺向前方，永遠是刺向前方，其實是脫胎於列寧的姿態。在 FSLN 貿易聯盟總部大牆上，馬克思和列寧的畫像分列左右，「中間夾著神情茫然不知所措的桑地諾」。看來在尼加拉瓜，烈士崇拜的「幽靈文化」與唯物主義宣傳是並行不悖的。

像拉什迪那樣機智洋溢的觀察家，越是懷著同情接近觀察對象，似乎越是能夠揭示對象身上的真諦，在他的描述之中也越是顯得古怪有趣。他發現，革命芭蕾舞演員戴著面具跳舞，也是在闡釋卡夫卡「變形」的功能，是為了「改觀」而不是為了「藏匿」。他描述原始主義派畫家的油畫《基督游擊戰士》，認為尼加拉瓜文化本質上是一種絢麗的「殉道者」文化。他的敘述總是生動有力，諳熟典故，是一個善於發現的作家所做的敘述，這是在通常的新聞報導中難以看到的。在《美洲虎的微笑》十六個章節的敘述中，作者那種富於揭示性的遭遇似乎層出不窮；既像是在描寫美洲的異質文化，也像是在講述這種文化和他的自我之間潛藏著的紐帶關係。

《美洲虎的微笑》是這位高產作家的一部非虛構類作品，不能算做他的代表作，但它又何嘗沒有包含代表作《午夜之子》（1981）的那種雄心，要去寫出一個國家，寫出它的戰爭、氣候、宗教、政治和植被；用西方文學中學到的批評精神去觀察現實（米蘭・昆德拉稱他為「歐化的印度人」），用搖滾樂文化的主人翁態度去體驗現實。換言之，當作家貼近觀察對象並對

它全力以赴地推進和改造的時候，也不妨發出冷酷的搖撼、挑釁和攻擊。

二

在獨裁者索摩查夫人私人浴室的抽水馬桶、大鏡子和浴缸旁邊，拉什迪會見尼加拉瓜文化部長、著名詩人埃內斯托‧卡德納爾。他提出的問題本來是應該小心友好地回避：桑地諾政府為何查封《新聞報》？「戰時都要有新聞檢查。」部長回答道。那麼部長是否覺得古巴革命已經拐錯彎兒了，而尼加拉瓜應該把它當作一個警告？「什麼叫拐錯彎兒了？」文化部長的表情變得諱莫如深。

作家做了個深呼吸，結結巴巴地提示道：比如說，違反人權？政治犯，酷刑，侵犯同性戀者，呃，還有，侵犯作家？

文化部長一概予以否認。作家只好點名，比如說，帕迪拉。還有，「如何看待阿曼多‧巴拉德雷斯的那本書，《反對一切希望》，書中談到在古巴監獄的二十年，這二十年裏被迫吃大便，喝那種混有玻璃碎碴的湯？」回答是模棱兩可的否認。

拉什迪提到的問題當中，牽涉面最廣的還是那個「帕迪拉事件」。一九七一年，古巴詩人赫伯特‧帕迪拉因「反革命活動罪」被逮捕，拉美一批知識份子給卡斯特羅寫了聯名抗議信，當時因為聯繫不到加西亞‧馬爾克斯，便擅自將他的名字署上。後來帕迪拉獲得釋放，但是被迫做「公開檢查」。這個場面激起更大的抗議，

前次簽名的人再度寫信並宣佈與古巴決裂，只有兩個人拒絕在公開信上簽名，他們是胡里奧‧科塔薩爾和加西亞‧馬爾克斯。

1999 年 9 月，喬‧李‧安德森在《紐約客》上發表長篇報導〈加西亞‧馬爾克斯的權力〉，對這個事件有過比較詳細的介紹。古巴流亡作家卡夫列拉‧因凡特指責加西亞‧馬爾克斯患有「極權譫妄症」；秘魯作家巴爾加斯‧略薩則乾脆把他叫做「卡斯特羅的名妓」。但是需要指出，帕迪拉於 1980 年獲准離開古巴，加西亞‧馬爾克斯的斡旋起了作用。

尼加拉瓜文化部長埃內斯托‧卡德納爾，本是基督教民主派人士，起初反對豐塞卡等人的革命路線，古巴革命後，他被安排去那裏訪問，回到國內他便宣佈自己改變信仰了。他的長詩〈索倫蒂內姆的意義〉記錄了他轉向革命的內心歷程。這位激進的拉美神父，在羅馬教皇到訪馬那瓜時跪下來親吻主教大人的戒指，而約翰‧保羅二世則衝著他揮舞憤怒的拳頭，喝令他與教會的關係合法化。這位詩人痛哭流涕。

哭泣的卡德納爾還有總統奧爾特加，他們都認為查封《新聞報》是合法的。奧爾特加說：「他們可以想幹什麼就幹什麼，但不可以擁護支援雷根和康特拉。這就是底線。他們越過了底線。我們能做什麼呢？抓他們審訊嗎？那會造成太多的負面影響。於是我們能做的便是將這份報紙給查封掉。」

拉什迪問：「有人告訴我說，《新聞報》的問題是在於它由中情局控制並提供資金。而你現在卻說是編輯方針的問題。」

奧爾特加答道：「這是在打仗。要在和平時期，《新聞報》可以拿中情局的錢，它也已經這麼做了，它可以推行美國人的路線，那

樣很好。要是它想攻擊『陣線』，那也很好。但現在情況不一樣。敵人在利用這家報紙。」

作家後來在書中寫道：「FSLN 的審查政策是不對的，而且是危險的。尼加拉瓜內政部的政管主任，那位有著調皮搗蛋的海盜模樣的奧馬爾·卡貝薩斯，在紐約大會上宣講了黨的路線──只要美國停止侵犯，審查就會終止──這個時候我聽到一個新聞記者在喃喃自語：『沒戲了。』就在他的發言結束時，大廳裏有個作家，是東歐作家，不是美國人，叫喊起來：『那是警察的發言。』FSLN 得要好好注意這一類反對意見了。」

拉什迪堅信，丹尼爾·奧爾特加和塞爾希奧·拉米雷斯這些人肯定不是獨裁者，他們是「一群革命的民族主義者」，但是這位桑地諾政權的支持者無法理解，一個由作家組成的政府何以必須成為一個審查官的政府。他毫不客氣地對此提出批評。

有人或許會說，薩爾曼·拉什迪的批評顯得過於書生氣，對現實政治的理解不夠成熟和耐心，就像白宮特使對尼加拉瓜外交部長所說的：「你是一個哲學家。你沒有注意到事實。」所謂事實便是「康特拉」和雷根的戰爭迫在眉睫。再說，作家對政治局會議的內部爭吵知道些什麼呢？《美洲虎的微笑》並未採訪到桑地諾政權背後的兩位軍事強人，武裝部隊首腦溫貝托·奧爾特加（總統的哥哥）和內政部部長湯瑪斯·博爾赫（夾在九個不朽者中間的那個活人），作者對現實狀況的瞭解畢竟還是有限的。

作家坦言道：「我在一個國家裏住過，巴基斯坦。那兒是由右翼的軍事政權來審查新聞。說句實話，那裏的報紙比起這裏的

還要好一些呢。但是讓我感到憂慮的是，審查制度是很有誘惑力的。這比用其他的辦法要省事得多。所以說，這個時候不管你有什麼樣的理由查封《新聞報》，這我不喜歡。原因並不在於你是什麼，而在於任其發展下去的話，最終你將會變成什麼。」

也就是說，像他在索摩查夫人的衛生間裏憂慮的那樣，最終它會「拐錯彎兒」。先是古巴，然後是尼加拉瓜……

曾有人問加西亞・馬爾克斯，那麼多朋友都與古巴疏遠了，為什麼這個時候他倒決定要去支持它？加西亞・馬爾克斯答道：「因為我掌握的情報要好得多也要直接得多，而且政治上的成熟也讓我對現實的理解更為安詳、耐心和仁慈。」

這個沾沾自喜的謎一樣的回答，似乎既像是來自於《舊約》也像是來自於保羅的《使徒書信》。也就是說，叛逆英雄加西亞・馬爾克斯，他對於災難和現實悲劇的回應，似乎更具有那種「不法的隱意」的味道。

然而，不管是哪個國家，如果那裏的詩人不再對毀滅與死亡表示敏感，知識份子不再對政治問題提出爭議和批評，那麼它將是不會有希望的。

《美洲虎的微笑》是一本談論「希望」的書。它對於死亡的敏感，對於新聞自由的堅持，使得這本書貫穿一種不那麼恭敬的挑釁色彩。在作家訪問期間，桑地諾政權的兩位軍事強人對他退避三舍，始終拒絕會見，也是不無道理的。恐怕他們需要的還不是一個熱愛尼加拉瓜的批評家，而是政治上的盟友和同路人，或者說，一個像他們那樣的馬列主義者。

三

　　薩爾曼‧拉什迪對尼加拉瓜的訪問只有短短三周時間，他寫下的主要還是個人的見證，是為桑地諾政權所作的一份熱情的辯護詞，批評它的缺陷，同情並支持它的革命事業。美國一家電臺的節目主持人把作家稱為「共產黨玩偶」；在《美洲虎的微笑》出版之後，《新共和》雜誌發表了肆意詆毀的長篇書評。作家捲入政治漩渦，這似乎成了他隨即捲入更危險的宗教漩渦的一個前奏。

　　他是那樣一種作家，造反的英雄主義，表達現世激情，諷刺而不敬神，像拜倫那樣要求公正並且視野開闊。按照米蘭‧昆德拉的評價，拉什迪是「當今歐洲最具天分的小說家」。作家與尼加拉瓜之間，除了有政治和身份上的認同，也有創作上的親緣關係。《午夜之子》、《羞恥》（1983）都帶有拉美「新小說」的影響，表現為跨國的多元文化的轉換，是一種強調文化上兼收並蓄的「雜種意識」的創作。因此在他筆下，尼加拉瓜既是現實的國度，也是一個隱喻和典故的世界。

　　他嫻熟地引用聶魯達、魯文‧達里奧、希歐孔達‧貝莉的詩歌，埃內斯特‧薩瓦托、加西亞‧馬爾克斯、塞爾希奧‧拉米雷斯的小說，列儂、鮑勃‧狄倫、斯普林斯廷的搖滾樂和拉美本土的博薩諾瓦、薩爾薩音樂；彷彿作家的尼加拉瓜之行也是在驗證他的閱讀和興趣，在繪製一幅本質上是俗世主義的絢麗多彩的畫卷。短短三周旅行，要寫出桑地諾政權的全面報導是不太可能的，何況是這個國

家的風俗和歷史。但是作家對於描繪這個國家充滿興趣；他與中美洲的異質文化也極易發生共鳴。

　　早餐吃的「油漆公雞」，音譯叫做「戛洛平托」，其實就是米飯加豆子。合作社的農民很窮，用雞蛋和豆子湯招待他這個外國貴賓；那隻雞蛋已經孵化，當地人稱之為「愛的雞蛋」，就是中國人叫做「喜蛋」的東西。在馬塔加爾帕省，「賣霜淇淋的店裏沒有霜淇淋，因為食品短缺。……做雜貨生意的那幾家鋪子自稱『埃及店家』，美其名曰『阿曼多·穆斯塔法』或『瑪諾洛·薩萊赫』，裏頭出售縫紉小商品，幾件服裝，一些化妝品，還有日常家用品：香波、水桶、保險鎖、鏡子、球。我還記得《百年孤獨》裏那條土耳其大街。身在馬塔加爾帕，馬孔多好像並不那麼遙遠。」

　　馬那瓜的集市很有名。混血女孩眼巴巴地望著「皮塔納司」，那是孩子們聚會時用的玩意兒，在粉色大個兒兔八哥裏塞滿糖果，吊在天花板上，用棒兒擊打，直到一陣糖果雨傾瀉而下。讓作家感到欣慰是，馬那瓜集市的小攤販喜愛胡里奧·科塔薩爾，那部極為複雜深奧的小說《跳房子》的作者。而集市上偶然瞥見的一幕，也讓作家有些情不自禁：

> ……和著鼓點的樂聲，有一個吉甘托娜——跳舞的大女人——跳著急迫輕快的舞步從旁經過，約莫有十英尺高，頭上戴著一個眼距寬闊的假面具，臀部顫悠悠地擺動著。孩子們在她身後一路追趕，我也趕了上去。她渾身顫動，撩人心意，跳著西迷舞從一道圍牆下面經過，牆上張貼著諷刺漫畫：紅衣主教奧萬多·布拉沃跪在山姆大叔腳下乞求，

給我一點兒祝福吧。山姆大叔回答說，OK，寶貝，你是康
特拉，我是康特拉，上帝與你同在。誰都沒有（除了我）
對那些漫畫瞟上一眼。大家都跟在那個跳舞的大女人後
面，她可是要好玩多了。

　　書中那些講述風土人情的章節，〈嗜嗜愛的雞蛋〉、〈市場日〉
或〈彼岸〉，寫得幽默舒緩，不乏動人之處。訪問的時間雖然短暫，
作者的見聞也稱得上是豐富了；從桑地諾政權的高層活動到戰時的
平民生活，從教會勢力到新聞界人士，從農業合作社到野戰醫院，
從反對黨人士到米斯基托印第安部族，他均有所涉足。這是一個尋
根究底的觀察家，不會輕易放過問題和細節。如果說《美洲虎的微
笑》像《紐約時報》的評論所說的，寫得「新穎獨創，激動人心……
它用鮮亮的百衲衣顏色給我們描繪了一個國家」，作者那種善於發
現的眼光則是起到了深刻的作用。所謂的跨國多元文化的轉換，本
身就是一種相對獨特的經驗，因此在作者觀察的視角之下，尼加拉
瓜的現實和文化也必定是要融入反思的激情；換言之，作家是外來
的訪問者，但不是局外人或偶然的觀光客。他的寫作就是對這個世
界重新定義的過程。拉什迪身上的這種東西，是頗為耐人尋味的。
《美洲虎的微笑》現在讀來仍富於啟迪，與作者那種獨特的視角也
是不無關聯。

　　作家訪問尼加拉瓜大西洋沿岸的布盧菲耳德，遇見一位叫瑪麗
的美國志願人員，她讀過《午夜之子》而且喜歡這本書，給作家做
起了嚮導。瑪麗嫁給了一位尼加拉瓜人，但是打算帶著丈夫和兒子
離開這個國家。「布盧菲耳德窮得像爛泥一樣。只有乾燥的地方才

窮得像渣土。」有一天，瑪麗帶他去潟湖的村莊，拜訪當地的接生婆潘查小姐。

> ……潘查小姐在自家陽臺的椅子上輕輕搖晃，見我們走近了，發出一聲驚呼：「哎呀，是瑪麗小姐，」她說。「看到你們來真是急死我了，因為我沒戴胸罩呀。這些天有人在的時候我才戴上它的，你們把我嚇了一跳。」潘查小姐的乳房是我這一輩子見到過的最大的，稍後瑪麗告訴我說，戴上胸罩實際上你也看不出有啥兩樣。我向潘查小姐問好，這時，她的寵物母牛從起居間裏漫步出來，和我們大家一起聚在陽臺上。「跟我那親愛的也問個好吧。」潘查小姐說道。

潘查小姐告訴他們，村子裏的年輕人沒有死掉，也都快跑光了。戰爭使他們一貧如洗。這位乳房很大、性格樂觀的接生婆，她所訴說的故事，還有潟湖地區優美的田園風光，似乎令人倍感憂鬱。

愛德華・賽義德在評論此書時談到，作家描寫一個處於革命之中的國家，「他將顯而易見的人性因素放在了首要位置。」在那裏沒有哪一件事物是簡單的，「那裏殊死鬥爭的一切都是每日之必需。」

歷史與道義、政府與個人之間的碰撞，獨裁與革命、蒙昧與反抗之間的衝突，在聶魯達的詩篇和拉美「新小說」中也同樣發出迴響。《美洲虎的微笑》以同情的筆觸描寫這個貧窮美麗的國家，它的「人口不足三百萬，面積約相當於奧克拉荷馬州（若是英格蘭只有威爾士那點人口，可得出這個比例的近似值），它也是中美洲最

為空虛的國家，而紐約大都市區的居住人口則是整個尼加拉瓜人口的六倍」。這個國家的困境和遭遇，危險和希望，豈能以索摩查獨裁的垮臺和桑地諾革命的勝利來簡單地加以刻畫？

在到來和離去之際，在崎嶇的旅行途中，作家腦海裏不時會浮現那首五行詼諧詩，是由尼加拉瓜的無名氏所作。後來作家將它題寫在此書的扉頁上面。

> 有一個年輕的尼加拉瓜姑娘
>
> 騎在美洲虎上微笑
>
> 當他們騎行歸來
>
> 年輕的姑娘進屋
>
> 微笑留在美洲虎的臉上

【作者按】

引文均為本文作者所譯，根據 Rushdie，Salman. *The Jaguar Smile*. New York: Henry Holt and Company，Inc. 1997. Anderson，Jon Lee. *The Power of Gabriel Garcia Marquez*. New Yorker，September 27，1999.

二〇〇九年五月八日杭州

此文原載於《書城》2009 年 7 月號

二輯

約翰・凱里：「大眾」還是「市儈」？

　　英國批評家約翰・凱里，曾任牛津大學英語系教授，是兩屆布克獎的評委會主席，現任《星期日泰晤士報》首席書評人，在歐美學術界也算得上是一個有影響的人物。去年和今年國內譯介了他的兩本書，《知識份子與大眾：文學知識界的傲慢與偏見，1880～1939》和《閱讀的至樂：20世紀最令人快樂的書》。對於讀寫書評和研究歐美文學的人，讀了這兩本著作而不引起一點反響似乎是不大可能的。前者的立場激進，出版之後在歐美一直就富於爭議，它站在大眾立場質疑精英知識份子的價值觀，觀點鮮明，火力十足。在論述現代派文化意識形態的著述當中，筆者尚未讀到過比它更火爆的專著；儘管約翰・凱里的觀點所代表的立場本身並無出奇之處，書中的結論和表述還是讓人覺得頗有些出乎意料。

　　《知識份子與大眾》一書的核心觀點，是將英美現代主義文學的產生歸因於一小撮精英知識份子把大眾排斥於文化領域之外的一場「陰謀」。在作者看來，現代派作家為了重新控制用文字方式所記錄的文化，處心積慮地讓文學變得讓人難以理解，因此創作上的晦澀難懂乃是基於文化意識形態的問題，概言之，他們是要阻礙大眾閱讀文學。這樣問題就變得清楚而簡單了，是知識界的「傲慢與偏見」形成了現代主義文學的根本原則，「即排斥大眾、擊敗大

眾的力量、改變大眾的讀寫能力和否定大眾的人性」。最後一條似乎頗有點駭人聽聞，但在約翰‧凱里的論述中，它的哲學和思想的根源本身就是頗為駭人聽聞的；現代派文學的「否定大眾的人性」，實質是與尼采等人的哲學密切相關，也是與導致希特勒大屠殺的思想前提密切相關，所以說，現代派實際上是要為 20 世紀的災難負責。這是約翰‧凱里的著作得出的一個驚人的結論，或者說是挖出的一個「驚人的秘密」，或者用通俗的話來轉述是——「他們全都是一夥的！」

「他們」——尼采、希特勒、吉辛、喬伊斯、艾略特、勞倫斯、伍爾夫、蕭伯納、威爾斯、路易斯等人，把「大眾」看做是弱智、蠢貨、毒蛾、雨點、雜草、「無意識的罪惡」、「生物學的災難」或「非人」，應該予以鎮壓或剷除。勞倫斯不是曾經想像過一間類似於毒氣室的殺人屋來處死世上所有的蠢人嗎？這跟希特勒的計畫有何區別？還有吉辛和葉芝，這些人不也都衷心祈願原子彈、瘟疫和末日毀滅，在毀滅中淨化那難以淨化的大眾災難？「他們」對於大眾的敵意和絕對否認，如此看來，豈非昭然若揭？約翰‧凱里希望我們都能夠注意到這一點。

或者說，約翰‧凱里是以他淵博的學識和文獻調查向我們系統地展示這一點。目的大概不外乎是兩個，一是要揭示歷史性的真相，揭露現代派的文化意識形態的真面目，二是要讓活著的精英或自以為是精英的知識份子有所反省，不要像前輩大師那樣與大眾的存在為敵。其實目的只有一個，那就是要搗毀偶像，推翻現代派精英的權威，從政治社會學的角度否認這種文學的意義。因為除了這個目的之外，此書並無其他目的，既非帶領讀者去理

解現代派文學的創作，也非讓人「全面地」瞭解今日社會文化的癥結，而是僅僅試圖刻畫出現代派的「勢利」和「陰暗」，他們對於大眾文化教養的貶斥，他們自詡為「天生的貴族」的狂妄，他們對於文化商品化和教育庸眾化的仇視，總之，是他們那種險惡的自命不凡。

此書的兩個部份，「主題專論」和「個案分析」，試圖闡明的便是這一點。最後是以對伍爾夫的一則日記的分析來結束論述。伍爾夫在公共洗手間裏偷聽到幾個婦女的閒話，談論飲食男女，她在日記中寫道：「這些蕩婦，她們一邊塗脂抹粉一邊談論著。我坐在一扇窄門後面，盡可能悄悄地嗤之以鼻。」約翰‧凱里的結論是，伍爾夫筆下的這個場景是「虛構」的，代表著知識份子對大眾的恐懼，而這種恐懼是一種間接的自欺，「因為『大眾』是知識份子們杜撰出來的，這種杜撰物又觸痛了他們自己」。換言之，「大眾的隱喻服務於個人專斷的目的，因為它把人們變成一個集團，否認他們具有我們和我們所瞭解的人所具有的那種個性。」

據此，我們是否能夠得出結論，《知識份子與大眾》一書的作者其實是在巧妙地偷換概念？或者說，他是否還是沒有能夠點破貫穿於此書的「大眾」一詞的含義，它在現代派文化語境中的含義？現代派作家所鄙夷的，約翰‧凱里所同情並為之辯護的，與其說是「大眾」還不如說是「市儈」。這兩個概念有著實質性的區別。知識份子與大眾並不是代表著階級出身和社會身份的一成不變的對立劃分，而是代表著教育和自我教育的根本傾向和追求。換言之，牛津或劍橋的教授很可能是成為有文化的市儈，而木匠或礦工的兒子也很可能是變成那種能夠改造文化的先知。如果將約翰‧凱里

這本書的名字改一改，變成《知識份子與市儈》，它的立意恐怕就會很不一樣了。「大眾」一詞究竟是否出於知識份子的「虛構」，對這個問題的理解恐怕也就會少些糾纏了。當然，這並不是約翰‧凱里寫這樣一本書的立意和出發點。

約翰‧凱里為什麼要寫這樣一本書？國外評論界有過一些猜測，有的甚至還從作者的家庭隱私來探究他對精英主義的攻擊。譯者吳慶宏認為主要原因在於：「凱里一向反對那種認為一些人比其他人更有價值，或文化應該有高尚和低俗之分，或社會應有高層或低層之分的思想觀點。」從此書的表述來看，這個總結與作者的出發點比較符合。

約翰‧凱里是否代表大眾瞬息萬變的思想和趣味，這一點其實並不重要，重要的是他的著作表達出一種理直氣壯的媚俗，讓我們看到今日學術界的一個側面：自甘平庸而毫無愧色，把商品文化的垃圾奉為「可貴的人性」，遷就市儈的無聊厭學，只要是多數人贊同的就必須要重視，將自己不懂的東西一概斥為「故弄玄虛」，因此也就能夠公然認為，文化是沒有高尚和低俗的區分的。還有什麼能比自以為站在「人民大眾」這一邊更不勢利和更不陰暗的呢？問題是，這些人的腦子裏難道就沒有更加嚴肅的概念了嗎？難道他們只能將現代派文學等同於排斥大眾的「陰謀」，而無法想到文學的詩性與創造力之可貴？

認為現代派文學的出發點就是故意寫得讓人看不懂，這種觀點從文學和學術的角度看，是非常缺乏建設性的，是淺薄庸俗的，其實也是對約翰‧凱里所認為的「大眾」智力的一種蔑視。他自己不喜歡看福克納和普魯斯特，他怎麼知道人家不要看或看不懂？難

道年輕人，那些尚未成為專家因此只能被劃入大眾的為數不少的讀者，真的是那麼低能怕累？

約翰・凱里抨擊現代主義，像訟師那樣雄辯而且有條有理，缺少的是真正的勇氣、虔敬、癡迷、靈感和冒險的品質。他其實不理解勞倫斯、葉芝、伍爾夫這些人的恐懼之根源，或者說，他不想努力去加以理解但是仍試圖做出自以為深刻的評論。《知識份子與大眾》這本書，其基本的文學態度便是如此。

（約翰・凱里：《知識份子與大眾》，吳慶宏譯，譯林出版社 2008 年）

此文原載於《嘉源閒話》2010 年第 1 期

跑馬拉松的村上春樹

　　作家好像都是慵懶寡言的室內動物，能像中學生朝氣蓬勃雀躍而行的畢竟是少數，像運動員那樣為完善的肌肉力量默默驕傲的，恐怕就更少了。村上春樹業餘喜歡長跑；他肌體黝黑，穿短褲，身背號碼布參加馬拉松比賽，在作家中算不算是一個創舉？我想不出還有第二個人像他這樣，寫作翻譯之餘頻繁參加賽事，從馬拉松發展到鐵人三項，規模越弄越大，感覺發展下去像要報名參加奧運會。

　　從 1982 年秋天開始跑步，持續跑了將近二十三年，幾乎每天都訓練，每年至少跑一次全程馬拉松，並在世界各地參加無數次長短距離的比賽，這便是村上長跑的一份記錄。在新作《當我談跑步時我談些什麼》中，他用細緻的筆墨抒寫跑步的體驗，像運動員保持著一份平心靜氣的活力。

　　他說一個月跑二百三十公里是「跑的認真」，三百一十公里是「跑的扎實」；在巔峰期到來時，以三個半小時為基準跑馬拉松全程。帶秒錶，穿水野牌跑鞋，邊跑邊聽 MD 播放的搖滾樂。哪怕出國在外，時候一到放下行旅撿著路面就開跑。大概只有非常執著耐心的人，才能享受這種艱苦的樂趣。他在書中坦言，自己是那種不太以獨處為苦的性情，獨自一人跑步也罷，四五個小時伏案寫作也罷，都不會覺得難熬無聊。從跑步中，他也不時領略關於寫作的有

效隱喻。這個方面他談了很多；未必談出高深的精神哲學，卻是從他自身總結出來的經驗法則，其實值得一讀。

作為職業小說家，他認為書的銷量、得獎與否、評論好壞，這些算是衡量成功與否的標誌，但也算不得是本質的東西。「寫出來的東西是否達到了自己設定的基準，這，才至為重要；這，才容不得狡辯。別人大概怎麼都可以搪塞，自己的心靈卻無法蒙混過關。在這層意義上，寫小說很像跑全程馬拉松，對於創作者而言，其動機安安靜靜、確確實實地存在於自身內部，不應該向外部去尋求形式與標準。」

和他人競爭一決雌雄，不是他喜歡的活法。寫作的存在是一種獨立的存在，追求不同於他人的東西，選擇不同於他人的語句。作家受到誤解非難，也正是這種自立性選擇支付給世界的代價。對於操這種職業的人來說，他們是在主動地追求孤絕，儘管程度不同，內在的危害是一樣的，因為「這是一把鋒利的雙刃劍，回護人的心靈，也細微卻不間歇地損傷心靈的內壁。」村上說，正是因為這個緣故他跑步。有必要持續地運動身體，窮盡體力，以排除身體內部的孤獨負荷；讓肉體多消耗些，也好讓自己去體認作為人的有限性的事實，通過長距離賽跑，從最深處對此獲得物理性的認識。

他還發明一個短語叫做「文學憔悴」。他認為，年輕時寫出力作的作家，到一定年齡會呈現濃烈的疲憊之色，這是由於作家的體力已無法戰勝毒素的緣故，亦即在瘋狂的想像力與支撐它的體能之間的平衡，業已土崩瓦解。因此必須增強體能訓練，儘量避開這種「憔悴方式」，儘管別人會說「那樣做的不是藝術家」，他也要堅持跑馬拉松。

上述感想，大概只有一心一意從事這個職業的人才談得出來。作者談「跑步生活」，反覆用加引號的兩個程度副詞——「認真地」、「扎實地」來形容，其實也在審慎地守護自己的人生觀。他覺得自己不擅長抽象思考，與其說是知識份子還不如說是一個「物質結構的人」；只有通過身體現實的負荷，通過「肌肉的呻吟」，才能循序漸進增加理解的深度。他不無幽默地形容說，「倘若比作馬匹，我恐怕不是專事比賽的賽馬，而更接近於從事雜役的駑馬」；勤勉耐勞不惜體力，是自己性格上僅有的可取之處。是故在年近花甲的這個時候，仍慢慢地、不間斷地獨自賽跑。

村上新作屬於自傳類隨筆，譯成中文出版後，銷量不如他以前作品，報紙上評論說是換了譯者的緣故，失去了故有的語感。我不是村上迷，讀他的書太少，不好說什麼。這部《當我談跑步時我談些什麼》倒是看了不止一遍，還去書店買來送人。難道是因為人到中年還熱衷於勵志？確實如此。要向村上春樹學習，最好每天也跑上幾圈；希望在精神上也在肉體上拯救自己，如果說自己確實需要拯救。

也因為，這部隨筆作品的文體細膩出色，作者經心於遣詞造句。照片上的作者看上去木訥矜重，是典型的日本人（或北海道漁民）長相，其文體也潤澤日本傳統「私小說」餘韻，涓涓絮談，平板親和。木心詩歌〈永井荷風的日本國〉戲仿過那種語氣——不斷用「什麼吧」、「什麼吧」之類的疑問句陳述，經過模仿也便顯得俏皮。村上春樹採取的是一種敘事性抒情作家的鴕鳥政策；將眼前有限之所見，或將一個「平面的地獄」轉化為內心風景，並且固執於這種轉化所帶來的稚弱喜悅。

　　此外還因為，閱讀時冒出來種種感想。例如，確實沒有想到村上是如此認真的一個人。他希望通過談論跑步，將他對人生規劃、職業認識以及內心的不安顧慮寫出來，以確認自己是個什麼樣的人，取得什麼樣的造就。對於尚在寫作的作家來說，這種認識其實是困難的。而我感到印象頗深的，是他的兢兢業業、不遺餘力，簡直是全力以赴追求設定的目標；從他對危險的反應和身體的細微顧慮，也可看出投入之大。

　　以前讀大江健三郎文章，有一句話印象很深。他說看見別人一副縱慾疲憊的臉色，他會打心底憐憫那個人。這跟大江小說充斥的威士忌酒、性器和避孕套連不起來，好像不應該是他說的。看來作品和本人還是有反差的。讀村上這本書也是如此；他對如何維護身心健康的思考，是非常專注、細緻和積極的。

　　村上春樹和大江健三郎一樣，刻意抵制日本傳統文化，主張全盤西化，也就是民主化的歐美現代人文思潮。作品寫的也是社會學意義上的「自擇群體」的生活，儘管表現的方式和程度不一樣。把他們放在一起看，有時會覺得，這些日本作家一點沒有才子氣；處事誠正，有一股子謙弱決絕的進取精神。

　　除了個體性格因素，我以為這裏面多少還有政治上的根源。政治性的感覺似乎更成熟；他們對於同類和自己的軟弱局限有一種發自內心的體認，並且從個體存在的自立性之中給予勉勵和真實的教益，而不是像我們的劉小楓先生在復旦演講中聲言的，想要將精神空虛、聽低級音樂的年輕人送去勞動教養。後者的這種言論不管怎麼說都是自大乖戾的。

（村上春樹：《當我談跑步時我談些什麼》，施小煒譯，
海口南海出版公司 2009 年）

此文原載於《南方都市報》2009 年 2 月 15 日「閱讀&思考」專欄

批評的抵制：2005-2010 年書評論文自選集

奈保爾的「自由國度」

　　上海譯文出版社有一個奈保爾的系列介紹，連續推出他的作品。最近出版的《自由國度》是其中的重頭戲。該篇被譽為「光芒奪目的精心力作」，是對奈保爾感興趣的讀者不可不讀的一部小說。

　　《自由國度》算是奈保爾中期作品，曾獲 1971 年布克獎。結構頗為別致，首尾是兩篇遊記的片段，中間鑲嵌三篇小說，共由五個篇章連綴而成，即：序曲「比雷埃夫斯的流浪漢」、「孤獨的人」、「告訴我，殺了誰」、「自由國度」及尾聲「盧克索的雜技團」。情節和人物沒有連續性，都是各自成篇，主題也不相同，像是一個鬆散的拼貼。但是每一篇都寫得緊湊有力，有著不容置疑的反覆斟酌的一個思想背景。概括地說，是對異族文化和殖民關係的思考。小說家奈保爾對於「小說是大眾藝術」這類觀點嗤之以鼻。他用腦過度，刻意推敲，在犀利的觀察中尋找觀念的張力。都說觀念過多會導致想像力枯竭，奈保爾卻好像並無忌憚。從這些作品中可以看到，他的敘述有毛姆和康拉德的影子，但是神經更為緊張焦慮，破題之筆也往往誇張有趣。

　　第二篇〈孤獨的人〉寫一個印度廚師跟隨老闆去紐約。他從未見過世面，在飛機上出盡洋相，把廁所弄得一塌糊塗。紐約這個大都市讓他自慚形穢，出門喝一杯咖啡看一場電影，就花去他九天工

資。他覺得，自己比在印度睡大馬路時還要卑賤，而且孤獨。鄰居有個大胖的黑種女人還調戲他，弄得他嚎叫打滾，屈辱的「淚水奪眶而出」。但是在紐約他學會了照鏡子，發現自己長得蠻帥氣。他慢慢覺得自己也有一份權益。他要活下來，要弄到那份美國護照，要做個「自由人」。

敘述的筆調讓人想到果戈理和魯迅，一樣的伶俐乖覺，辛辣機智，一波三折，讀來令人發笑。這些中短篇作品旨在追求語言的弦外之音，是精心思索的產物，體現作者創作的特色和追求。

寫殖民地非洲，寫航行途中不同國籍的男女，這是奈保爾感興趣的題材，並非是奈保爾首創，而是同樣用英語寫作的康拉德所開拓的視野。《自由國度》是集中篇幅最長的故事，寫非洲殖民地的動亂和部族殘殺，所述令人震驚，遠比康拉德的描寫血污、血腥。這篇小說與奈保爾的長篇《河灣》可以放在一起看，是描寫第三世界黑暗政治的力作。「作者對於獨裁者的光環和土著的所謂道德魅力，不抱幻想。對於近代歷史所作的誤導，社會革命的廉價犧牲以及歷史發展的後果，幾乎不抱有希望。」奈保爾的觀察是誠實的，也是冷酷的。他描述流離失所的慘狀，不光是針對新興國家的掙扎，也包括像他這樣四處漂泊、失去寄託的人，其冷靜的自述則含有幻滅和哀怨。

美國小說家歐文・豪說：「以天賦異稟、才華橫溢而論，在世的作家幾乎無人凌駕奈保爾。」《自由國度》能夠向人展示作家的創作風格和文學主題。奈保爾是個「無根」的作家。他雲遊四海，沒有自己的社會和土壤。這種空虛的處境其實也幫助了他，使他不得不去開發新的題材和思考，尋找寫作的「自由國度」。

（奈保爾：《自由國度》，劉新民等譯，上海譯文出版社 2008 年）

此文原載於《都市快報》2008 年 9 月 24 日「獨立書評」專欄

藍皮書與紅皮書

　　浙大數學教授蔡天新，周遊世界，文理兼備，跨越不同領域，也從事詩歌的創作和翻譯。由他主編的《現代詩歌 100 首》，是一部現代外國詩選，分「藍卷」與「紅卷」兩冊，加起來有 200 首（實為 199 首）詩，幾乎將外國現代不同流派詩人的作品都選入了。初版之後又加印九千冊，頗受讀者歡迎。

　　分成兩冊，是不希望詩集做得太厚。另一個理由是，照顧男女讀者不同的審美趣味。主編者在「後記」中說，敏銳的讀者一定猜出了這個意圖。但是筆者愚鈍，不明白個中理由，讀詩何以還要分出男女。經過提示之後，仍看不出「藍卷」與「紅卷」在性別上的差異。且當是一本書分釘成兩冊。購得此書，常置於案頭枕邊，隨意翻閱，稱之為「藍皮書」與「紅皮書」，因其裝幀醒目而樸素，以原色指代詩歌原典，不失莊重純淨的意味。

　　也許從創作的角度講，詩還是有性別差異的。男性作者會硬朗一些，更見智性和哲學的敏感。男性作者對於純藝術的興趣更為狂熱，音樂和美術方面都是如此。歷來都是如此。但也不儘然。不妨讀一讀藍皮書與紅皮書中美國女詩人莫爾和畢曉普的詩。她們簡直就是詩界的兩個王者，以其超現實的視覺和智性的神奧，獨步於雲

端。她們是語言和感覺的革新者；平生雖深居簡出，甘守寂寞，其
作品卻長期統治美國的詩壇。

在一個所謂的多元化時代，讀者為一本詩集的出版而爭相傳
誦，這樣的盛況恐怕是不可能出現了。布羅茨基賭氣，在美國掀起
詩歌閱讀推廣運動，派人到旅館發放免費贈閱的詩集，有點像過去
的歐美旅館的床邊放置聖經。也確實天真得可愛。只是斯人已逝，
不知運動是否還在繼續？

布羅茨基本人的作品則仍為選家所青睞，是各類現代詩選本的
重頭戲。藍皮書中他有四首詩入選，都是讀者熟悉的作品。國內翻
譯布羅茨基，最早有南京的王希蘇和常暉，還有浙大的吳笛教授，
他們的譯文影響了不少人。詩人馬高明說，有一時他將吳笛所譯的
《黑馬》帶在身邊，有空打開細讀。人們對一首詩的喜愛可以到熟
讀默誦的程度，乃至於逐字逐句地咀嚼和佔有。對於詩歌來說，這
是很正常的。這大概也是詩歌傳播的一個優勢。本詩集的編選者
「欣喜地發現，這兩本包含了五大洲 35 個國家 159 位詩人作品的
小冊子幾乎把 19 世紀和 20 世紀的重要詩人全部囊括」。很難想
像，小說也能做到這樣。

這是紅皮書與藍皮書的好處，也是現代詩的一個好處。流派
多，有新意，有不同的聲音和風格，口味和個性。不同的探索結果
彙聚在一起，形成美學上的鑒別，使人敏感而且刺激。詩不像小
說，還有內容這一說。美學上失敗，寫不出好句子，那就只好轉行
做生意去了。所謂現代詩人，是我們所處時代的語言和感覺的先
鋒。這兩冊詩選，對於介紹現代詩人的創作頗有貢獻。像波蘭的扎
加耶夫斯基，前蘇聯的日丹諾夫，他們都生於 1945 年，不能說是

新手，但國內讀者還不太熟悉。布羅茨基之後，他們是極富才華的新浪潮的代表。

博爾赫斯選得太多，而葡萄牙大詩人費爾南多・佩索阿，他的詩一首都沒有選入，這很遺憾。現代詩選集缺了佩索阿是說不過去的。這並非是吹毛求疵，而是希望蔡天新教授能將外國詩選集再編下去。對於這樣的讀物，讀者是不厭其多而只嫌其少的。

（蔡天新主編：《現代詩 100 首（紅藍卷）》，北京三聯書店 2005 年）

此文原載於《都市快報》2008 年 10 月 3 日「獨立書評」專欄

萊辛自傳《影中漫步》

上世紀 50 年代，桃莉絲・萊辛離了婚從南非移居英國，過著波西米亞藝術家的生活。這種生活的特點就是居無定所，入不敷出。在倫敦她不停搬家，尋找租金便宜的住所，甚至動手油漆新居，像男人那樣什麼活都幹。有時窮到把兒子送去幼稚園，獨自徘徊街頭，不知道這一天開支所需的錢在哪裏。她在街頭哭泣，有個紳士過來問她：「姑娘，你為什麼哭？」萊辛答道：「因為我沒有錢。」紳士注視片刻，安慰說：「你會有的，是不是？」

作者在自傳中說，等她覺得自己較為寬裕，不必為錢煩惱，已是過了五十歲之後了。她出版了很多小說，也寫戲劇，多半不怎麼掙錢。不過，她也從未真正在意過掙錢。她回憶說，他們那個圈子裏的作家和藝術家，沒有一個有錢。要是誰為這種事情憂慮，會遭到朋友嗤笑，被當作是「可恥的資產階級」。現在的觀念轉變了，年輕的作家都要求快速發展，擔心自己的安全。可他們那一代人的想法不是這樣，他們只想寫出「最好的作品」，對於生活是否舒適考慮不多；甚至把「安全地生活」的要求視為一種墮落。

萊辛租來的房子裏常有朋友寄居；有些人是朋友的朋友介紹過來的，壓根就不認識。她不僅要提供食宿，還要替人排憂解難，擔當心理治療師。每天起床送兒子上學，回家閉門寫作，然後煮

飯給人吃，伺候朋友，料理事務。加之她年輕而富於魅力，有複雜的兩性關係要處理。她的男朋友多，有東歐來的共產黨理論家，美國來的存在主義者，甚至還有黑人流亡政治家。她和男友同床共枕，沒日沒夜地探討流行的理論問題。這是一種塞得滿滿當當的私生活。讓人驚奇的倒還不是萊辛的私生活是否過於豐富，而是她從這麼多的感情關係中脫出身來，照常寫作，身心健全。精力充沛是不用說的，自我平衡也是出奇的好。萊辛最可愛的品質就是不善於自我保護，能夠充分介入生活；最神秘的本領就是出污泥而不染，哪怕是過得再混亂也不會自我毀滅，這個方面她有點像歌壇的麥當娜。

《影中漫步》（*Walking in the Shade*）記錄了作家在倫敦的十年生活，這也是她一生中最重要的十年。西方的性開放、毒品、婦女解放運動、左翼浪漫主義，都出現在書中描寫的這個年代。萊辛和她那些波西米亞藝術家朋友一樣，既經歷緊張的私生活，也經歷緊張的公眾生活，似乎沒有片刻停歇。讀這部自傳作品，會讓人聯想起她的代表作《金色筆記》，都是對一個激進時代的經歷、講述和反思。作者是英國血統的英國作家，卻少有英國味。從她的書中找不到英國人對於明智、細小、等級觀念的偏好。她最關注的是社會生活的信仰及前途。敘述和文風一如其為人，魯直而富於洞察；其筆力之健，在世的男性大作家常有所不及。

推薦這樣的書真讓人為難。書是好書，值得細讀。翻譯粗糙，錯字連篇，每頁都有印刷錯誤，而責任編輯還好意思把名字印在上面。大概是萊辛剛獲得諾貝爾文學獎，陝西師大出版社急於要在書市上分一杯羹，什麼都顧不得了。

（萊辛：《影中漫步》，朱鳳餘譯，廣西師範大學出版社 2008 年）

此文原載於《都市快報》2008 年 10 月 13 日「獨立書評」專欄

三輯

《維特根斯坦筆記》及其他

一

英國文藝理論家特里・伊格爾頓有一次在愛爾蘭的基勒里港盤桓；他萌生一個念頭，想寫一部有關維特根斯坦的小說。哲學家晚年曾在這個小漁村隱居，養鳥散步，寫作《哲學研究》，留下一些有趣的傳聞。1987 年，伊格爾頓完成了這部題名《聖徒與學者》（Saints and Scholars）的小說，其中有個細節出人意料，說的是維特根斯坦如何與共和黨領袖詹姆斯・康納利、哲學家尼古拉・巴赫金在港灣的茅舍裏會面。這個情節當然是虛構的，維特根斯坦在愛爾蘭隱居時並未會見過什麼重要人物，但作者認為，其真實性仍勝於虛構性。時任伯明罕大學首席語言學教授的尼古拉・巴赫金是維特根斯坦的密友；哲學家第一個向他朗讀《哲學研究》。因此，作者覺得這樣安排是合理的。

這個尼古拉・巴赫金有一個更出名的弟弟，他就是米哈伊爾・巴赫金。兩人因蘇維埃革命的動盪失去聯繫，直到尼古拉在巴黎一家書店看到弟弟評論陀思妥耶夫斯基的著作，才知道他還活著。據

說兄弟倆的著作非常相似。那麼，照伊格爾頓對真實性的理解，他或許還可以在小說中安排米哈伊爾‧巴赫金與維特根斯坦會面，不妨讓他們一起來談談陀思妥耶夫斯基。維特根斯坦喜歡閱讀陀思妥耶夫斯基，不知會對巴赫金說些什麼？如何評價那本有關於複調敘事的論著？精通對話理論的巴赫金，怎樣看待與哲學家的對話？在讀者的想像中，凡涉及與該哲學家對話，好像必定是富於戲劇性的；它包含言說（Saying）與顯示（Showing）的斷溝，勾畫哲學家獨一無二的表情；如同《維特根斯坦筆記》（以下簡稱《筆記》）中描繪的，舞台大幕拉開，有男子踱步、抽煙、坐下，使這些動作構成對於生活本質的一種觀摩。

維特根斯坦是 20 世紀最富傳奇性的哲學家；他的生平如一出經久不衰的劇情，有著謎一般的吸引力。伊格爾頓解釋說，這也許是因為哲學家「由巨富而赤貧的一生有一種虛構或神話般的品質，他的一生比藝術還要藝術，很容易予以藝術再現」。據說哲學家早期著作《邏輯哲學論》的片段還被配上音樂；從荷蘭製作的一盤磁帶上可以聽到用德語舞台腔讀出的句子，輕快而婉轉動聽。有關於這個人物的「藝術再現」及表現形式，還有什麼不被允許的呢？

以維特根斯坦為原型創作小說，並不限於伊格爾頓的《聖徒與學者》。毛姆的《刀鋒》（1944 年出版，當時維特根斯坦還活著）成書更早，影響也更廣泛。好像英國人對這位劍橋哲學家的興趣一直很濃厚。伊格爾頓的小說完成後，製片人隨即邀請他撰寫電影腳本，以戲劇形式扼要傳達哲學家的思想。結果導演將腳本刪改得不成樣子；他對那些不能立即轉化為視覺形象的思想沒有多

少興趣，這讓作者感到失望。但他承認電影還是有一些精彩片段，演員卡爾·詹森長得很像維特根斯坦，頗具哲學家氣質。影片公映後，倫敦到處可見年輕男女身穿印有維特根斯坦像的恤衫；人們又在談論這位怪人的意義，也許這讓作者頗感寬慰。把維特根斯坦的觀念拍成電影，就像轉譯他的著作，是一件吃力不討好的事；這種興趣似乎又是難以遏制的。

伊格爾頓數度前往基勒里港，參與電影拍攝，還參加維特根斯坦故居揭匾儀式。1948 年，維特根斯坦五十九歲，從劍橋來到這個愛爾蘭小漁村，度過一年隱居時光。他辭去教職，沒有家，也不再有收入。異鄉的港灣風景優美，令人身輕氣爽，工作效率大為提高。他告訴友人說，他常常進入詩人富於激情的狀態，手中的筆像是被魔法引導。他不知道寫下的東西是否有用，可他不懷疑自己是真誠的。

他帶著筆記本散步，隨時準備迎接靈感的風暴。有時坐在排水溝沿上寫作，鄰居從旁經過也渾然不覺。村民有點怕他，把他當作瘋子。有一次他們見他拄著一根木杖散步，突然他停下來，用木杖在地上畫出一個圖形，久久地凝視著圖形。照料他的是一個叫湯姆的男僕，給他送去泥炭和牛奶。長期緊張的思考曾使他疲憊失眠，神經系統功能退化，甚至出現精神錯亂症狀。每天早晨湯姆去探視，看到他總是坐在廚房裏寫作。有一次湯姆聽見他正在跟人說話，以為有客人造訪，結果發現屋裏只有一個人，這使他感到奇怪。維特根斯坦對他說：「我在同一個非常親密的朋友談話，他就是我自己。」（可參看《筆記》第 132 頁）

他對海邊的各種鳥類感興趣；男僕划船，他在船上餵鳥或沉思哲學。他喜歡湯姆，在給羅素的信中甚為贊許地提到這個人。他還將早期一些手稿讓湯姆在屋外燒掉。許多年後伊格爾頓遇到湯姆，將偉人書信中他的名字指給他看，他卻絲毫不為所動。這也許是維特根斯坦如此欣賞他的原因，緘默而不慕虛榮。伊格爾頓走訪當地老漁民，跟人談起那位令人景仰的外國教授，發現後者並沒有給他們留下好印象。為拍攝電影伊格爾頓想知道，教授說話帶德國口音還是英國口音？他們告訴他，那個人說的是一口純正的上流社會英語。

二

維特根斯坦的生平和思想是個令人感興趣的話題。介紹評述的文章已經很多；自其訃告發表的資料始，讀書界便流傳著各種說法。他的弟子、劍橋哲學家馮・賴特教授（《筆記》的編者）在一篇文章中說，他讀到過的大多數傳記文章都不可信，總的說來，「其氛圍與它們的傳主格格不入」。似乎存在著由主觀的剝離而形成的曲解，這也是戲劇性的描述難以避免的，對傳主深層的背景還缺乏審視。如果我們談論的是一位哲學家，那麼這個背景就不能被通俗地理解，從其生平著述及人格活動的方式之中割裂開來。

馮・賴特認為，再現維特根斯坦的人格與肖像，有兩點不可忽略，一是奧地利-維也納傳統對於他的影響，他在這個傳統中成長並堅定地根植於這個傳統；二是維特根斯坦作為哲學家的工作，是

在一個他幾乎無法分享其傳統的環境中完成的,在這個環境中他從未感到過融洽相宜。

哲學家的維也納背景的重要性,在學界論述中長期以來缺乏評論,以至於有人指責說,盎格魯-美利堅文化圈對維特根斯坦的理解是片面的;他們提供的是一具「維特根斯坦骷髏」,與其哲學中的文化傳統相分離。這個方面,單看英美文藝理論家的一些評論,想必也會略有同感。

例如,在特里·伊格爾頓和蘇珊·桑塔格的文章中,早期的維特根斯坦是與喬伊斯、勳伯格、畢卡索、杜尚、約翰·凱奇等人歸為一類,代表著一種自嘲式的先鋒藝術家的態度——「將自己的藝術束之高閣,就算不直白地非議高雅藝術和過去的藝術成就,也要做出漠不關心或不甚瞭解的諷刺態度」。蘇珊·桑塔格的這個歸納是否靠譜呢?哪怕只是片段讀過《邏輯哲學論》或《筆記》,相信不會得出類似的結論。通過非議過去的藝術成就顯示反諷的意味,或者像伊格爾頓所說,《邏輯哲學論》是「以自己的樣式進行再現並同時指向再現過程」——這種藝術上的巧妙機智是否屬於維特根斯坦,確實頗可質疑。

馮·賴特強調指出,必須將哲學家放在奧地利維也納背景中考察,而且必須意識到,維特根斯坦並不屬於哲學中的任何運動、趨向或學派。哲學家聲稱自己的成就奠定了哲學學科中的一種新傳統,這個說法從審慎的立場看似乎缺乏依據。維特根斯坦本人確實在某個地方談論過做哲學的新方式,說它形成哲學發展的一個轉捩點,堪與伽利略在物理學中的變革,或與拋棄煉金術而在化學中導致的結果相比擬。但可以肯定的是,維特根斯坦所謂的轉捩點主要

是表現為與「形而上學」思維方式的決裂，至於哲學在這之後如何發展，他並沒有給出暗示。

上述觀點，想必成為馮‧賴特編選《筆記》謹守的原則。這部中譯不足十萬字的著作，是從哲學家遺留的大量文稿中選編而成；自 1965 年起，選編工作做了將近十年，大概是在 1974 年結束。何以一冊小書費去編者這麼多功夫？編者序言中沒有說明這個問題。對材料的取捨反映編者對哲學家的認識；正如他在一系列論文中闡述的，這個認識的精確程度令他頗費躊躇。維特根斯坦的奧地利-維也納傳統，他與「形而上學」思維方式的決裂，也許是編者想要加以強調的，而這也是今天從《筆記》中能夠看到的東西。有趣的是，《筆記》的私密性質及編年體風格給人以自然形成的印象，讀者一般不會考慮到編者在此書形成過程中所起的作用。如果說《筆記》勾勒出哲學家的一幅自畫像，是瞭解其人格和時代背景的一個參考，那麼它也包含編選者思想上敏銳而艱深的付出。

特里‧伊格爾頓的《我的維特根斯坦》和蘇珊‧桑塔格《激進意志的樣式》中的文章，突出哲學家精神上的先鋒性，將其視為 20 世紀前衛藝術的一個表徵。而在《筆記》標明的 1914～1931 年及 1932～1937 年，哲學家表達的卻是對歐美文化潮流的懷疑；像一塊拒絕融化的堅冰，抵制現代音樂和建築藝術，而不是努力去理解。這個對比或許能夠說明問題。維特根斯坦的哲學是一種反傳統主義哲學，他的文化立場卻不能說是與歐美現代潮流契合的。他為拉什‧雷斯編輯的《哲學評論》撰寫的序言，有一個未發表的草稿（《筆記》第 11、12 頁），已清楚地表明態度。把文化的前瞻性理解為獨立於潮流之外的一種反思性表達，並著眼於文化價值論的批

判，這一點值得注意。藝術上重視的是奧地利-維也納傳統；他最樂意談論的音樂家大概有六個，他們是海頓、莫札特、貝多芬、舒伯特、勃拉姆斯和萊伯。他欣賞的作家主要也是奧地利德語作家，認為他們風格精微而且特別難懂，「在表達真理時從不傾向於或然性」（《筆記》第6頁）。

伊格爾頓對《邏輯哲學論》「神秘的文本」讚歎不已，聲稱其「獨特的自我解構性」暗合歐美現代主義潮流。他斷言：「弗萊格是哲學家們的哲學家，薩特是媒體的知識份子，羅素是每個小店主心目中的聖者……維特根斯坦則是詩人、作曲家、劇作家和小說家們的哲學家。」但是必須指出，哲學家對其時代背景所持的看法，或許也是追捧他的激進藝術家們不宜忽略的。

維特根斯坦的文化觀念與斯賓格勒的相似，部份也是來自於斯賓格勒。他認為自己處在西方文化的衰落期。文化是一個有機的整體，當其興盛時藝術佔據主導地位，而當它衰退時科學和機械取而代之。他不無遺憾地看到，歐美人精神中佔主導的是佛洛伊德、愛因斯坦、羅素這樣的科學家，而不是貝多芬這樣的藝術家。《哲學研究》的序言中說，現時代對他來說是黑暗時代。在這個時代，「哲學實際上是對瑣碎事情的提要」，而這也是文化衰退的一種結果。

維特根斯坦的文化立場也許不能算是獨特，包括美術史家羅斯金在內的學者都有相似的結論。其獨特在於，他把歐洲文化的衰落認作是自己的宿命。在他看來，詩人所應扮演的是文化先知的角色，而非語言的雜耍藝人（可參看《筆記》第142至144頁對於莎士比亞的評論）。他對弟子說，他確信他的命運是註定了的。正如其早期手稿中描繪的一幅肖像：「我曾說過的這句話或許恰如其

分：先前的文化將變成一堆廢墟，最後變成一堆灰燼，但精神將在灰燼的上空縈繞盤旋。」（《筆記》第 7 頁）

對於以「進步」為標誌的現代科學文明，他表現出冷漠和懷疑：

> 我會說：假如我想到達的那個地方得借助梯子才行，那我就放棄這種打算。因為，我要到達的地方必須是我現在已經站立的地方。

> 任何靠爬梯子才能達到的東西都不能引起我的興趣。

> （《筆記》第 13 頁）

馮‧賴特的文章提到哲學家的斯賓格勒式態度，認為維特根斯坦對於西方文明和歷史所作的一般性思考，與他的「奧地利遺傳」一樣，或許是屬於他的人格而不是哲學。《筆記》編者序也曾簡略提到這本書蘊含的「情緒」色彩，似乎暗示讀者將它與作者純正的哲學表述區分開來。維特根斯坦的哲學是一種反傳統主義哲學，他的文化立場是一種悲觀主義立場。馮‧賴特說，他不想草率地論述兩者之間的關係，但也認為兩者之間確實存在著重大關聯。他希望有朝一日對這種關聯作出理智的梳理。

三

《筆記》德語版原題《雜論集》（*Vermischte Bemerkungen*）。英譯本改名《文化和價值》（Culture and Value）。中文首譯是清華

大學出版社 1987 年版《文化和價值》（黃正東、唐少傑譯）。筆者
於 2002 年出版的同名譯本經過修訂，現由復旦大學出版社再版。
九久讀書人文化有限公司的彭倫擔任策劃，將書名改為《維特根斯
坦筆記》。

　　二十多年來，這本書受到漢語讀者喜愛。據筆者所知，許多不
懂哲學的人是通過它並不完善的翻譯對維特根斯坦發生興趣。此種
興趣迄今未衰，而且有增無減。伊格爾頓的小說、電影和評論所傳
達的激情，或可代表非哲學專業讀者對維特根斯坦的關注。讀者以
自己的方式對它蘊含的「情緒」產生反應，包括哲學家獨特的體驗
和格言類表達方式。可以說，《邏輯哲學論》對命題的格言式表達
蘊含著一個晶體狀結構；《筆記》的格言式表達則像是散碎的注腳，
讀來別具一番風味。

　　人們對維特根斯坦的語言品質推崇有加，將其視為藝術而非
一般意義上的哲學，這也恰如其分。對語言風格的關注佔據《筆記》
相當篇幅，但作者參照的對象是席勒、克勞斯、格里爾伯爾策爾、
利希騰貝格、叔本華等德語作家，還有莎士比亞這樣的英語作家。
哲學家的語言極少進入其視野，這一點說來好像有些奇怪。連一向
措辭慎重的馮·賴特也斷言道：「如果有一天他位列德語散文的經
典作家，這並不會使人吃驚。」

　　馮·賴特覺得奇怪的，倒是叔本華的文體沒有對維特根斯坦
造成影響。但這個問題《筆記》其實是有多處講到，叔本華的語
言風格何以在維特根斯坦看來是作廢了；他認為叔本華訴諸於良
知的聽覺是魯鈍的，後者那種洋洋灑灑的文風因此也就顯得陳腐
乏味（《筆記》第 65、123 頁）。這是維特根斯坦的文論中頗為敏

感的一個側面，也可說明他對自己表述方式的自覺。這裏需要指出的是，對《邏輯哲學論》的語言有影響的，當首推弗萊格的數理論文；有關於命題的格言式表達可謂一脈相承，並滲透於維特根斯坦的其他著述。這一點馮・賴特的文章沒有提到。

　　作為哲學教師，維特根斯坦的方式無論如何是太獨特了。有人說他的房間裏沒有一本哲學書籍，只有一些偵探小說雜誌，他靠這些雜誌為劍橋準備隔周開設的哲學講座。好像他不是通過專業文獻進行研究，而是從其他讀物、從自己的體驗來釀制哲學的蜂蜜。馮・賴特的文章也談到，維特根斯坦從來沒有系統地閱讀過哲學經典著作，他只閱讀那些能夠使他全身心投入的東西，而那些處於哲學、宗教和詩歌交界處的作家，比嚴格意義上的哲學家給他留下更為深刻的印象，他們是奧古斯丁、克爾凱郭爾、陀思妥耶夫斯基、托爾斯泰以及他給予很高評價的奧托・威林格等人。

　　由後人輯錄的《筆記》便是這樣一個著作，處在哲學、宗教和詩歌的交界處；作者對音樂的評論尤可值得注目，不僅佔據篇幅最多，其蘊含的意義怕也最不同尋常。他本人精深的修養（馮・賴特說他從事作曲也能指揮管弦樂隊）是一個方面，使他畢生對音樂感興趣並且加以評論，更為重要的是，人們為之著迷的維特根斯坦的人格、思想和語言，其形成與音樂的作用是分不開的。理解其道德意識和思想方式的卓越純粹，必須深入地理解他和音樂的關係。這個問題若是加以展開，或許還能談出一點新意來。所謂奧地利-維也納傳統的影響，也是以貝多芬、勃拉姆斯等人的音樂構成其精神反思的背景，或者說，構成其體驗、沉思、寫作的精微嚴謹的那個聽覺。

他在手稿某處寫道：

> 對我來說這個樂句是一個姿態。它悄然潛入我的生活。我把
> 它當作是我自己的東西。

> 人生的無窮變化是我們的生活所不可或缺的。甚至對於我們
> 日常生活的特徵來講也是如此。我們視之為表現形式的東西
> 在於它的不可估量。假如我們確切地知道他會怎麼做怪相，
> 怎麼做動作，那就不會有面部表情，不會有姿態存在。然而，
> 真是這樣的嗎？我畢竟還是可以一遍又一遍地聽一首我（完
> 全）記熟的曲子，它甚至可以由音樂盒演奏出來。對我來說
> 這首曲子的姿態仍然會是姿態，儘管我始終知道下一步出來
> 的是什麼。真的，我甚至還會不斷地感到驚訝（在一定的意
> 義上）。

> （《筆記》第 125-126 頁）

《筆記》許多段落的表述都是這樣耐人尋味、雋永深刻，表明
作者是以詩人的眼光在探索生活。邏輯和直覺，知識和行為，道德
和語言，在他身上是難以分割的。哲學家總是勸告學生離開學術生
活；認為理想的職業是做醫院護理工作。他本人做過山村小學教師
和修道院園丁；對職業性的半吊子學院文化頗感厭惡。當他從劍橋
退職來到愛爾蘭的邊遠小漁村，他彷彿又獲得新生。他對接替其教
授職位的馮·賴特告誡道，劍橋是一個危險的地方；如果你不想變
得膚淺，待在那裏你就只好忍受痛苦。

也可以說，哲學家有關於理想職業的看法，包括對男僕湯姆的情有獨鍾的評價，體現智者對於時間當下形態的關注。也許在他看來，隱名埋姓是一種孤獨的生活；只有默默無聞的人能夠看見生活的形態並加以品味。

作家、藝術家、電影導演和文藝批評家對《筆記》的推崇或許不難理解。誠如伊格爾頓所說，人們看到的是一個「可愛而不可思議的人物」；是「兼僧侶、神秘主義者和機械師於一身的歐洲高大知識份子」，「永不滿足地追求神聖的境界」。事實上，《維特根斯坦筆記》就是哲學家的一部藝術論；在已出版的二十二種主要著作中，此書最為集中地表述對於美學和創造問題的見解。

【作者按】

本文文獻來源未加注明，主要有：特里·伊格爾頓《歷史中的政治、哲學、愛欲》，馬海良譯，中國社會科學出版社 1999 年；張學廣編著《維特根斯坦：走出語言的囚籠》，遼海出版社 1999 年；馮·賴特《知識之樹》，陳波編選，陳波等譯，北京三聯書店 2003 年。

（《維特根斯坦筆記》，許志強譯，復旦大學出版社 2008 年）此文原載於《書城》2009 年 4 月號，入選《2009 年中國隨筆年選》

阿蘭-傅尼埃和《大莫納》

一

阿蘭-傅尼埃（Alain-Fournier），原名昂利·阿爾邦·傅尼埃（Henri Arban Fournier）。1886 年 10 月 30 日生於夏佩爾-東吉永（La Chapelle d'Angillon）。小時候在索洛涅（Sologne）附近的農村度過。父母都是鄉村小學教師。1903 年進入巴黎拉卡納爾中學，同學雅克·里維埃（Jackues Riviere）是未來的文學評論家，也是他未來的妹夫。他準備報考巴黎高師，並開始寫詩，結果兩次都未考取。其後入伍當了文書，在報刊上發表文章和故事。1905 年在倫敦的基斯維克（Chiswick）工作。1912 年，《新法蘭西雜誌》連載小說《大莫納》（*Le Grand Meaulnes*），受到文壇好評。1914 年 9 月，阿蘭-傅尼埃在聖-雷米（Saint-Remy）的一次戰鬥中陣亡。遺作《奇蹟集》（*Les Miracles*）出版於 1924 年。與里維埃的通信集出版於 1926 年。家庭通信集出版於 1930 年。另有未完成的小說《科隆貝·布蘭歇》（*Colombe Blanchet*）存世。

作者的出生地夏佩爾-東吉永，在法國中部的歇爾省境內，位於布爾日（Bourges）的北面，與索洛涅接壤。索洛涅曾是繁華興隆的地區，人口多為胡格諾教徒。後來由於歷史的原因，胡格諾教

徒被驅逐出境，這個地區開始衰敗，變得人煙稀少，但在鄉野沼澤中點綴著不少舊莊園和大城堡，仍顯得精美氣派。提到索洛涅，因為這是「大莫納」冒險的一個背景。作者在法國內陸的這一帶地區度過童年，對他有深遠的影響。內地封閉的環境培養了他對鄉村生活的熱愛，也孕育了他對海外冒險的嚮往。他最喜歡的讀物是笛福的《魯賓遜漂流記》和斯蒂文生的《金銀島》，十三歲時曾立志做一名海軍軍官，希望長大後去英倫三島冒險。這在《大莫納》當中也有反映：大海和沉船的意象；海盜和水手，堤岸和波浪，這些語彙在章節之中屢屢出現；故事的敘述夾入秘密日記的形式，還有大莫納在索洛涅鄉村城堡的歷險，彷彿是太平洋島上魯賓遜這個原型的一種遙遠而隱秘迴響。

1910 年，阿蘭-傅尼埃在巴黎寫作《大莫納》，住在盧森堡公園附近的一條小街上。他在致友人的信中曾談到：「如果說我這個人向來有些孩子氣，軟弱而又傻氣，那麼至少是有這樣的一些時刻，在這個惡名遠揚的城市裏，我還是有力量創造我的生活，就像創造一個奇妙的童話故事。」

他用幾經試煉之後找到的方法寫作：精緻誘人的小段落；縈繞回復的敘述；章節標題的設計別具一格，突出其人工製品的性質……他講述鄉村學童的生活及初始經驗，以一種悲喜劇的精巧有趣的創作方式，將童年生活的環境引入到與他非世俗的信仰相近的「永無鄉」（Neverland）之中，使之具有一種恒久的夢幻意味。

《大莫納》已被譯成四十種以上語言。英譯本也至少出版過四種。鄭克魯的《現代法國小說史》將它推舉為法國 20 世紀 30 年代以前「最優秀的鄉土小說」。書中指出：「阿蘭-傅尼埃僅憑這

一部小說就在法國文壇佔有一席之地。這部小說獲得很高評價，評論界認為它對法國現代文學影響巨大，而且它深受青年讀者喜愛。」

小說於 1966 年拍成電影，此後又幾度搬上銀幕。音樂家拉威爾從小說中找到寫作芭蕾舞短劇的靈感。小說影響了包括於連‧格拉克（Julien Gracq）、西蒙娜‧德‧波伏瓦、羅貝爾‧法蘭西斯（Robert Francis）在內的法國作家，也影響了傑克‧凱魯爾克和約翰‧福爾斯（John Fowles）等英美作家。傑克‧凱魯爾克說：「對他的作品我有一種奇怪的投契之感。」《科隆貝‧布蘭歇》的英譯者埃德‧福特（Ed Ford）甚至說，《大莫納》對司各特‧菲茨傑拉德的《了不起的蓋茨比》（The Great Gatsby）也有著顯著的影響。他認為這一點尚未在研究中揭示出來。

當代文藝理論家對這部作品頗為矚目。讓-保羅‧薩特的《什麼是文學？》談到《大莫納》「奇妙的性質」，認為兩次大戰之間的法國小說家，沒有人趕得上阿蘭-傅尼埃。詹明信（Fredric Jameson）的論著《政治無意識》多處論及《大莫納》，將書中的主人公歸入西方藝術和傳奇中的傳統英雄角色，從瓦格納劇中的帕西伐爾到湯瑪斯‧品欽筆下的奧迪帕‧馬阿斯等，構成一個系列。談到「資產階級的政治勝利和市場體系發展所形成的那種新的缺乏魔力的社會機制」，詹明信以《大莫納》「傳奇的變體」為例，認為該篇「可以理解為是對 19 世紀後期法國農村加速社會變化（世俗化、法制化、電氣化、工業化）的象徵反應」。

加西亞‧馬爾克斯在〈不受罪的文學課〉一文中談到：「不管怎麼說，無論是文學課還是五本書的書目，都讓人再一次想到被新

一代人遺忘的那許多不該遺忘的作品。其中這三部作品，20 多年來一直位居前列：湯瑪斯・曼的《魔山》、阿克塞爾・芒思的《聖蜜雪兒的歷史》和阿蘭-傅尼埃的《大莫納》。」

《百年孤獨》第 2 章的馬戲團帳篷，何塞・阿卡迪奧與吉普賽少女出走，這個插曲的節慶氣氛和夢幻般的超現實感，不乏《大莫納》的情調。第 18 章寫到另一個也叫何塞・阿卡迪奧的人，從羅馬神學院歸來，與四個男孩廝混，其室內場景的處理讓人領略到與阿蘭-傅尼埃頗為相像的一種寫作，即在鄉村的頹敗及孩童世界中注入濃厚的波希米亞風味，使其富於死亡的暗示和虛無的幻想色彩。那麼，加西亞・馬爾克斯筆下名字都叫做何塞・阿卡迪奧的小夥子，還有他這部鄉村小說的異國情調的混合，無疑也是融入阿蘭-傅尼埃的一滴血液。

二

阿蘭-傅尼埃中尉短暫的一生富於傳奇性。他於一戰的初期殉難，成為法國名人堂中最為引人注目的死者，因為找不到他為國捐軀的遺體，有關於他「有可能突然消失」的流言蜚語便一直未有平息。他的下落和結局逐漸成了一樁懸案。

根據當時僅有的一份戰報所提供的細節：1914 年 9 月 22 日，阿蘭-傅尼埃在聖・雷米執行任務，他的部隊看見敵人陣地上有個模糊的人影在晃悠。於是法軍上尉握著左輪手槍向前衝去，中尉傅尼埃緊隨其後。他們是小股部隊。那個模糊的人影最終把他們引入到

林子邊緣一個德軍伏擊圈內。包括傅尼埃在內的大部份人被射倒在地。但在清理戰場時未能找到他的遺體。

1914 年夏天的大戰爆發之後，當時還在法國南方的傅尼埃匆匆加入部隊，輾轉來到前線，駐紮在默茲（Meuse）。誰想到厄運如此之快地到來。從參戰到陣亡，前後不過三個月時間。他曾在詩歌和故事中不斷讚頌九月，九月的爐火中燃燒的冷杉樹木，而這種描寫竟也含有宿命的意味。他在最喜愛的這個月份裏不幸犧牲，年僅 27 歲，應驗他生前寫過的一句詩：「九月打中我的心臟……」

傅尼埃生前是一個喜愛冒險的人。據說他的性格「既膽怯又無畏」（哈威洛克・艾理斯語）。還在上中學時，他便是一個帶頭反抗陳規陋習的造反派。這位鄉村教師的兒子，在飛機尚屬新生事物時便體驗了飛行的快樂。他在巴黎和最有名的女演員談戀愛，還為一位未來的法國總統操刀寫作政論小冊子。旅居倫敦期間，曾擔任 T. S.艾略特的法語教師。從索洛涅的農村出來，在短短一生中，他有過許多難忘的經歷。

其中最難忘的是他在巴黎邂逅少女的故事。這件事在回憶和評論文章中幾乎都要提到，主要是由他妹夫雅克・里維埃對人講述的，而他本人的詩歌、故事以及死後出版的通信集，也為這個事件的追述提供了線索。

1905 年 6 月 1 日，星期四，聖母升天節，在巴黎的庫拉雷納區（Cour-la-Reine）他遇見一位極為美麗的少女，使他不由得上去跟隨。他用計謀成功地打探到她的名字和地址，十天後懷著一線希望等待她來赴約。約會時那位少女的態度非常矜持，像是來自於優

越的上層社會，但是跟她交談尚能得到片言隻語的回應，這使他覺得沒有受到輕視。他談起自己的計畫和夢想，她靜靜地聆聽，偶爾會輕聲反駁：「但是何必呢？……何必呢？」又說：「如果我們知道彼此是誰，我們就更瞭解了。」他們在塞納河划船遊玩。在一個廢棄的碼頭登岸，她的姿態彷彿是在對他說：「我們必須分開。我們這樣是很傻的。」於是約會中止。他靠在橋柱上目送她遠去。消失之前她回過頭看，可他沒有跟隨。

在約會的第一個周年紀念日，他去老地方等待。她沒有來。他總是在苦苦等待，沒有辦法找到她。她已經離開巴黎，留下的是以前的地址。1907 年 7 月 24 日，傅尼埃第二次報考巴黎高師落榜。次日友人帶來消息，說是找到了她。她已經在冬天結婚，住在凡爾賽。

傅尼埃深感悲哀，要求友人替他念誦魏爾倫的一首詩。但事實上，很長一段時間裏他都不死心，還親自去證實朋友的這個消息。兩年後仍在打聽，希望找到一點可以否認的證據。他和她的再度相遇，是在第一次約會的八年之後了。

在一首題為〈穿過夏天〉的詩中他這樣寫道：「正是在這兒……靠近你，哦，我遠方的愛人，／我走去，／……向著你所在的古堡，你多麼溫柔而高傲……小船發出引擎平緩的響聲和汩汩的流水聲。」

詩的最末一句在《大莫納》的章節中再次出現。庫拉雷納少女的形象保存在通信集裏，讀來如同小說中那位城堡的公主伊馮娜·德·加萊。她的神態莊重而輕柔，優雅的舉止微微透著難以接近的神秘。毫無疑問，這個由戀人提供的形象也逐漸取得另一番意義，

在作家醞釀已久的「領地」當中有了一個角色和位置。這個位置似乎是為她保留的。

此後的許多次戀情，傅尼埃給人留下冷漠無情的印象。他與不同的女性交往，還曾和瓦朗蒂娜的原型（Jeanne B.）度過幾個月，最終以不可原諒的藉口拋棄了她。美國譯者埃德‧福特說，傅尼埃與女演員西蒙娜夫人的戀情本可引導他去改變年少時對於愛情的看法，但他認為，作家並沒有從他的青春戀愛觀中成長起來，或許，這也是讀者珍愛他的一個原因。

傅尼埃對於異性的要求很苛刻，絲毫容不得削弱他的理想。用他自己的話說：「我要的就是全部」。學者哈樂德‧馬奇（Harold M. March）認為，傅尼埃對於「理想的化身」的尋求讓人想起 19 世紀作家熱拉爾‧德‧奈瓦爾；後者的小說《西爾薇》充滿類似的尋求，一種神秘的也是肉身的渴望融合的體驗，貫穿於奈瓦爾的創作，似乎也延續到阿蘭-傅尼埃身上。

也許只有傅尼埃自己才知道，庫拉雷納那個幾乎未曾相愛過的少女，何以在他的生活中產生如此巨大的影響。從他留下的記錄看，這種失去愛情的痛苦，還有日復一日的等待，不死心的尋找和奔波，似乎從未得到過補償，而且痛苦的時間之長，幾乎持續到生命結束。

1913 年，在他犧牲前的一年，他又遇見她，她已經結婚而且顯得比從前更難以接近。在給里維埃的信中他說：

> 那確實是世上僅有的那個人，可以給我以和平與安寧。如今，在這個世界上，我很可能是再也得不到和平了。

三

　　哈樂德‧馬奇 1941 年的文章《阿蘭-傅尼埃「別樣的風景」》
（ *The 'Other Landscape' of Alain-Fournier* ），圍繞《大莫納》的創
作，將作家的成長分成幾個階段，闡述其神秘主義情感的發展。文
章提到 18 歲的傅尼埃在寫給父母的信中，如何深情回憶兒時的種
種感覺，好像那些事物都還沒有消失。在其成長的較早階段，這種
感覺的快樂只是在對生活的浪漫態度中找到表達，這一點或可說明
他那個流產的計畫——「看海去」。下一個階段，他 15 歲時，逐漸
將感覺集中到一個想像的地方。於是他計畫寫一本有關的書。到了
1905 年，與里維埃的通信開始，他談到這本書的名字叫做《領地
的人們》（ *Les Gens du Domaine* ）。

　　領地由一連串的場景組成，來自於童年回憶的細節，諸如鄉間
莊園的一條細沙路，一個廢棄的棚屋，一座有風向標的塔樓，一口
老井，遠處孩子們的聲音；或是一個地點模糊的內景，嚴肅的兒童
坐在教堂的墊子上面，對著火爐翻閱照相簿，有些人在吃麵包，碎
屑掉落在打蠟的地板上，或許為此要受到輕聲呵斥，而在房子的遠
處有人在彈鋼琴，一個溫柔優雅的女人……這些場景照射著一道奇
異的幸福之光，標誌著另一個平面的存在。

　　在給里維埃的信中，傅尼埃談到藝術的理念，他說他摒棄巴
爾扎克的現實主義；他相信「別樣的風景」（「Other Landscape」）。

他還談到心目中的「無名之地」（「Nameless Land」），試圖尋找一種文學的表現方式，通向那個主要是居住著孩子們的領地。

1906 年他離開巴黎返回故鄉，想為文學表現的問題找到解決辦法。他在哈代、馬拉美、弗蘭西斯·雅姆等人的作品中尋找暗示。讓他感到驚訝的是，他發現的問題已經是由蘭波遭遇到了，那種對於超凡事物的專注和表達。此外吸引他的還有克洛岱爾和紀德。1907 年起在米朗德（Mirande）開始為期兩年的服役，這個期間，陀思妥耶夫斯基和《聖經》是他最主要的讀物。

其實，1905 年夏天在英國逗留時他已經意識到，與「領地」有關的情感和他度過童年的那個地方，兩者之間似乎並無必然的聯繫。對於他來說，這是一個重要的啟示。自從庫拉雷納的「伊馮娜」跨入到他的領地，有關於領地的構想也發生實質性的變化。它超越童年印象與回憶的局限，逐漸變成一個更富於抽象和暗示的「無名之地」。

阿蘭-傅尼埃的內心是敏感而曲折的。小說漫長的孕育，他難忘的愛情經歷，還有曠日持久的天主教信仰的衝動，這三種成份彼此交織在一起，構成其內在的神秘主義歷程。而在很長一段時間裏，或許直到生命結束，他難以擺脫的是那種不甘於「失去樂園」的痛苦。鄭克魯的著作中指出，傅尼埃無法割斷的念頭是──「在人間，一切都像在夢中那樣安排。」

在米朗德做了軍官的傅尼埃，一度頗為消沉。他甚至想去中國，在海關謀一個職位，同時也想到去英國的中學教書。他不時地感覺到「神妙的聲音」（「Marvelous Voice」）的召喚，卻無法對之做出回應。他消沉自責，因為他沒有宗教，沒有伊馮娜，事實

上也被「無名之地」排除在外。他所不能忍受的是失去心靈的純潔性。

作家的妹妹曾經說，要是哥哥活著，他會在宗教的懷抱裏找到和平與上帝，正如她丈夫里維埃所做的那樣。這句話不由得讓人想到因患癰疽而被鋸掉一條腿的蘭波。蘭波臨終前，他姐姐請來的馬賽港的神父也表達過類似的意思，稱頌這個流浪漢詩人具有「優質的信仰」。

阿蘭-傅尼埃的創作跟他的夢想貼得很近。這是一個內向而憂傷的羅曼蒂克作家，藝術上具有無可置疑的原創力。他好像是走過漫長的一段歷程，然後在醞釀已久的這部小說中打開靈魂的視窗，回顧他的童年和故鄉，探索其成長的意義。正如作者曾經談到的那樣，他幾乎分不清自己究竟是大莫納，是小賽雷爾，是弗朗茨，還是寫作本書的那個作家。他的生活和前期創作（《奇蹟集》中的詩歌和短篇故事）似乎是在為唯一的一本書做準備。他很早就意識到自己要從事的是小說創作，他的敘事才華顯然也是早慧和成熟的，但是使他吸引和困惑的力量是來自於內在神秘的領域。傅尼埃受象徵主義的影響較深，氣質上和蘭波也有些接近，——是天才的幻想家也是愚妄的小孩子，不承認藝術和生活之間的那道界線，試圖在寫作和生活當中同樣追逐事物超凡的美。

哈樂德·馬奇認為，阿蘭-傅尼埃的文學是神秘主義過渡階段的一個特有的成果。傅尼埃不像蘭波那樣，可以快速斬斷任何宗教情感主義的涉獵，走上一條更為嚴酷的生活之路。傅尼埃的靈魂是柔和的，恐怕更喜歡在已經通過的夢幻草地上逗留；前方道路的艱巨對於他是太可怕了。他不像布萊克，在自我的密封之中繼續那種

超驗的宣示，也不像蘭波，最終陷於荒野和寂靜。天主教誘惑的力量一旦對他失去效用，他便全神貫注投入於文學。於是，寓居巴黎的他，一邊靠在報界工作維持生活，一邊全力以赴寫作《大莫納》和其他短篇故事。

四

《大莫納》問世之後，頗獲青年讀者的青睞，他們喜愛這個故事迷人的氣息和青春活力。而學者和作家多年來對這個作品所做的評價，主要是著眼於它的文學意義，它的主題、敘事類型及文學史的影響和價值。

有人說這是一部經典的「成長小說」，探索童年和成年之間的朦朧天地，它融合理想主義、現實主義和魔術的詭譎變幻，語言清澈而優雅。有人認為它屬於傳奇文學或「傳奇的變體」，是從莎士比亞的舞台劇，從司湯達、曼佐尼、司各特和艾蜜莉・勃朗特等人那裏延伸而來的一種文學類型，以小說形式為掩飾，體現了現時代一種更為注重幻想的形式變化。也有人說這是優秀的「鄉土小說」，融入象徵派文學的觀念和技術，在法國 19 世紀文學中有傳統，在法國 20 世紀前半期有同類創作。另外還有人指出小說的魔幻性質，認為它的場景、敘述、女主角的縈回難忘的美麗，還有「失去的領地」莫可名狀的難以接近，具有魔幻文學真正動人的特性。

以上幾種觀點來自於詹明信、鄭克魯和馬丁・西摩-史密斯（Martin Seymour-Smith）的著作。它們對小說的不同界定，也可

反映這個鑽石作品不同剖面的光色。許多年來，西方學者對《大莫納》的研究不斷深入，尤其是對於文本的細讀和品味，是頗有啟發性的。這裏擇錄幾點分析加以譯介，或許對讀者有借鑒的意義。

哈樂德·馬奇在上面援引的文章中指出，傅尼埃的主張是表現「別樣的風景」，但是他放棄直接描寫的意圖。在這部完成的小說中，他給了故事一個徹底的現實背景，將所有有關「別樣的風景」的關涉都減縮為暗示，其結果是造成一種不易捉摸的暗示聯想，而這可能就是這個故事最主要的魅力。

「神秘的領地」究竟意味著什麼？淺表地看，只是一個地方，一個破敗的莊園，住著一個老人、他寵壞的兒子和美麗的女兒。它神秘是因為它難以發現。莫納碰巧闖入這個地點，當時奇怪的遊園會（兒子心血來潮的發明）正在進行之中。發現這個地方的困難是由這樣的事實說明，莫納在他進入和離開的兩次旅程中都睡著過一陣子。那麼從字面的意義上講，這是一個夢的世界，因為它與兩個睡眠連在一起。遊園會上的事件沒有哪一樁是顯而易見的，是可以重複出現的，然而，通向莊園的道路卻可以重複出現並且顯而易見，最終也是水落石出。耐人尋味的是，伊馮娜·德·加萊，她如此美麗，幾乎不像是真的，最終證明是血肉之軀：愛，結婚，生孩子，死亡。而「神秘的領地」卻再也無法接近和重現。

莫納兒時的白日夢，那個「迷人的居所」又是什麼？為什麼在他接近領地時，在看見它之前會突然想起來？同樣的預感在次日下午看見塔樓時又出現了。然後是接下來那一天的划船旅行，空氣中有幻景般的夏日氣息，難道這只是一個例外的暖冬季節外

出遊玩的描繪？突如其來的刺骨寒風只是一個氣候現象？難道這場奇怪的遊園會，只是它本來碰巧要出現的那個樣子？在領地的發現與純潔的心靈之間是否有某種聯繫？

哈樂德‧馬奇的文章總結說，故事中諸如此類的暗示，其總體效果是在提醒我們，領地不只是一個地方，而是一種對於它的經歷，是它肉體表達的那個地方。這種經歷由朦朧的暗示預先提示，因此它到來的時候是可以被認知的。這似乎取決於心靈的神秘易感的性質。

凱薩琳‧薩維奇‧布勞斯曼（Catharine Savage Brosman）1971年的文章《阿蘭-傅尼埃的領地：一種新景觀》（*Alain-Fournier's Domain: A New Look*），則是從不同的角度切入，分析小說的「空間想像」。

小說寫了很多房子，這種特色在章節的標題中就有所強調。弗朗索瓦家的校舍，莫納家的房舍，弗朗茨的房子，弗洛朗丹叔叔的店鋪，撒伯隆尼埃的房屋和莊園……故事中的居所總是得到許多細節描寫，強調其縫隙和壁孔（apertures）、側翼和邊廂（wings）、屋脊和屋高（heights），等等。這些房子不只是行動的背景，還是人物聯繫的途徑，也與作者的某種自我分析密切關聯。它們是起源之所，逃離之所，回歸和庇護之所，也是死亡之所。

作者愛寫門和窗。門和窗與火和光影的意象聯繫起來，暗示承諾與安全。房子的保護性外殼的內部，有角落（corners）和壁龕（alcoves），提供更多的安全。但在故事中，一扇鎖閉的門和一個隱匿之所也可意味著冒險。這種暗示的性質是與主角

自身的行為有關。他的身上有向心力與離心力形成的對照，因此，小說中有各種各樣的出口與隱退之所不斷形成的對照，有對各種通道（passageways）的強調，——在那道永遠敞開的門前，莫納曾猶豫徘徊。他情感的價值也總是在內（inside）與外（outside）之間轉換，某種程度上也確立了小說畫面來回切換的敘事角度。

閣樓又形成居所的特別組成部份，孤獨而帶有保護性；它們提供居住，它們高高在上。在第一章中出現的閣樓又出現在「神秘的領地」上，還出現在莫納家裏，形態上略微有些區別而已。莫納和弗朗茨，他們進入城堡閣樓的方式非常有趣，他們都是從窗子爬進去的，較之於常規的方式，是一種更詭秘、更具佔有性的透入。在莫納發現領地的前一夜，他睡在羊欄裏，而弗朗茨在離開的那個晚上是睡在古老的大篷車裏，那座架在輪子上的屋子。那麼對莫納和弗朗茨來說，所謂創始、靈感、離異和結局，都是空間上的經歷。「神秘的領地」分享了莫納和弗朗茨白日夢的空間投影及其與魔術和愛情的聯繫。他們倆的生活不僅被一場夢所圓滿，也是被從房間到房間的一個過程的進展所實現。

莫納迷路，接近城堡，這不是一場普通的漫遊，而是神秘的歷險。大量的細節在強調，莊園的房舍不屬於當下（the present）。莫納的絲綢馬甲，用來向弗朗索瓦證明他曾經去過領地，是更早時期的遺物。莫納把原本屬於領地的陌生性質賦予他自己。那麼顯然，這是時間的也是空間的旅行。時間和空間可以代表一種內部的航行，通過其不可思議的幻覺置換，使主角置身於羅曼蒂克的夢幻國度。

弗朗索瓦，伊馮娜，瓦朗蒂娜，弗朗茨，他們都把自己、把莫納看作是小孩子。但是莫納不像其他幾個人，他要長大成人。將進入成人世界的莫納當作一個例子來分析，那麼它意味著男人是被向前投射的，是生成（becoming）而非存在（being）。只有在死亡中，童年的完美才會再度成為可能。如此看來，女主角的死似乎是註定的。她，就像莊園，是過去的一種存在方式。莫納和她的孩子則代表未來。

凱薩琳・布勞斯曼的文章最後指出，阿蘭-傅尼埃的小說可以讀解為一種空間的對立轉化的描寫：關閉和敞開，壁龕和道路，舊日故事書中的房子和通向未來可能性的創造之門。

對於敘事人弗朗索瓦來說，入夜的校舍曾是如此溫馨而安全。他成人之後始終要以房子（house）來識別自己，而莫納則以道路（road）來識別自己。在小說中的事件過去十五年之後，小說的敘述開始，敘述人把自己和莫納的命運（它們仍然聯繫著）視為無可挽救的過去，視為一個失敗。對於他，失去校舍，永遠不能回去，意味著可能性的終結。他敘述的調子表明他們的軌跡是一種毀滅，而他敘述的意向則顯示他們共同事業的失敗，他自己生活的失敗。

毫無疑問，一個女子的死亡、莊園的毀壞是悲劇的象徵。但是，莫納從弗朗索瓦的範疇之中逃逸出去，攜帶女兒繼續前行。他將履行弗朗茨的年少夢幻，就如敘述人所想像的那樣，拋下廢棄的莊園邁向新生活。

五

　　1992年，阿蘭-傅尼埃為國捐軀的屍骨終於被法國政府找到。檢測的結果是額部中彈，應是在伏擊戰中當場陣亡。這樣，將近八十年來有關於「他有可能突然消失」的流言蜚語也終告止息。

　　作家短暫的一生富於傳奇性。就連其下落和結局也那麼富於懸念，而且懸念的時間之長，怕是找不到第二例。或許這裏也可表示這樣的疑問，許多年裏有關於「他有可能突然消失」的流言蜚語，儘管是對於死難者的一種不敬，難道真的就沒有一點根據嗎？

　　《大莫納》最後一章「秘密（終篇）」的最後一段，弗朗索瓦讀完莫納留下的筆記簿，對於故事可能的結局有過一種猜測——莫納將寫完的筆記悄悄鎖在箱子裏，於凌晨時分消失得無影無蹤。那麼，此書的作者為何不能像他筆下的主人公那樣，也跟人玩一玩這個失蹤的遊戲？這樣的猜測似乎並無惡意，既然莫納的身上具有這樣一種孩童奇妙的特性，這種特性不會隨著小說的結束而消失。讀者似乎也不難想像，在逐漸侵入夢幻的冷雨和黑夜之中，當莫納攜帶女兒繼續前行，未來仍將是童年生活的延續。而那位蓄了大鬍子的大莫納，恐怕也未必像研究者所說的那樣，已經長大成人，終於給這個不會成熟的悲劇故事添加一個成熟而樂觀的結尾。

　　感謝代瑞克・傅尼埃（Deryk Fournier）及其家人，提供精心挑選的版本，還有多種英文研究資料。2002年7月，代瑞克贈

送富蘭克‧大衛遜（Frank Davison）的企鵝版英譯本，囑咐我將《大莫納》譯出，介紹給中國讀者。本書即是按照大衛遜的本子譯出，後又參照代瑞克的父親（Willy Fournier）寄贈的弗朗索瓦‧德利斯勒（Francoise Delisle）的《漫遊者》（The Wanderer）做了補充修訂。另外，代瑞克的父親還贈送有雅克‧里維埃親筆簽名的《奇蹟集》（Les Miracles）留作紀念。沒有他們一家人的督促和幫助，此書的翻譯也便無從談起。

我的導師鄭克魯先生對於譯文提供了寶貴的指導。韋恩‧伯爾（Wayne Burr）、董戰略、徐夢、管媛媛等人也為翻譯提供了幫助，這裏表示感謝。

此書從 2002 年 9 月開始翻譯，到 04 年的 2 月陸續譯完。手寫的譯稿一直積壓在抽屜裏。感謝上海九久讀書人文化實業有限公司的彭倫先生，全賴他的幫助和推薦，這個譯作才最終得以出版。

當初翻譯的動機，是想給許小夜，還有分佈在全國各地的寧波蔡氏家族的孩子們提供一個課外讀物。希望有那麼一天，趁他們還沒有長大離開學校，一起來讀一讀這個「大莫納」的故事。

2008 年 8 月 2 日，杭州翠苑

（阿蘭-傅尼埃：《大莫納》，許志強譯，山東文藝出版社 2009 年）

鐵盒遺稿

——麥爾維爾《水手比利・巴德》

一

　　麥爾維爾於 1891 年去世，遺作《比利・巴德》藏匿在一隻鐵盒子裏。三十年後被一位學者發現。鐵盒中的手稿經過編輯整理後出版，在讀者中間迅速獲得好評，被譽為「美國文學的大師之作」。人們開始重新評價麥爾維爾；這位幾乎被人遺忘的《白鯨》的作者，辭典上只有寥寥數行介紹的 19 世紀航海故事作家，逐漸受到景仰和追捧，聲譽超過他同時代的小說家。毛姆的《巨匠與傑作》選出世界十佳小說，唯一入選的美國小說便是《白鯨》。19 世紀讀者感到頗難容忍的敘事實驗，還有他那種「荒唐可笑」（毛姆語）的幽默，現在好像多少能夠得到一點理解了。

　　作家生前發表的作品中，《代筆者巴特貝》和《班尼托・西萊諾》也已被視為文學經典。照博爾赫斯的說法，《代筆者巴特

貝》「預示了弗蘭茨・卡夫卡的作品」，而《班尼托・西萊諾》則被認為是一篇無法理解的作品。這些作品還有《白鯨》，是在《比利・巴德》浮出水面之後才為世人矚目。可以說，麥爾維爾的文學聲譽是在 20 世紀 20 年代才真正開始。

遺作《比利・巴德》有三個不同的版本，書名也各不相同。現在公認的較好的本子，是哈里森・希福德和默頓・希爾茨於1962 年編輯出版的「讀本」，題為《水手比利・巴德（一篇內在的敘事）》。除了更改標題，還做了兩處刪節，字句和標點也有所不同。其他的版本是三十一章，希福德-希爾茨的本子是三十章。

小說是在麥爾維爾去世前三個月寫完，以草稿形式留存下來。從語言和敘事節奏來看，已經很難將它視為一個未完成的草稿。此書實際寫作時間是 1888 年秋到 1891 年春，主題的孕育則要漫長得多。麥爾維爾此前的創作中，還從未寫過如此「純粹均衡」的悲劇。小說那種宏觀素淨的細膩格調，給人以肅穆而精緻的印象。作者是在詩的高度之上處理這個故事，使得作品意蘊豐富，語言精粹而幽默，富於深刻的回味。自其出版之日起，人們從不同角度解釋這個故事，從亞里斯多德理論的援引到法學界的專業討論，從宗教神話的闡釋到同性戀問題研究，似乎要給這個小長篇抽繹出綿綿不絕的外延。沙勒斯・佩特爾為本書撰寫的〈導言〉，對不同流派的觀點已經做了介紹，這些觀點都具有代表性。針對其中一些說法，這裏加上幾點評議。

二

其一，關於此書標題。標題《水手比利‧巴德（一篇內在的敘事）》出現在手稿第一頁上，希福德-希爾茨版本將它恢復為小說的題目，這個選擇無疑是正確的。括弧裏副標題說這是「一篇內在的敘事」，這個所謂的「內在」是代表何種指涉？

編者註腳中說：「麥爾維爾所言的『內在的敘事』，似乎是指那種揭示事件內在真實的講述，與出現在官方報告、報紙或浪漫主義詩歌中的講述構成對立。說得具體些，我們閱讀的這篇『內在的敘事』，應該與小說第二十九章中出現的、『當時的海軍編年志』裏所做報導恰成對照。」

小說最後一章中也提到，人們「對這個悲劇的秘密的現實是不知情的」。船上的水手都知道比利殺死了糾察長克臘加特，但是他為什麼要殺人，這個都不知道。也就難怪行刑之後船上差點發生騷亂，若不是比利臨死前喊出「上帝保佑威爾船長」這句話，水手的不滿情緒恐怕更難控制。從這一點來講，比利的臨終祝福也是分擔了威爾船長的壓力。兩位當事人都死了，唯一的「知情者」是威爾船長，而後者也在隨後的戰鬥中陣亡。所謂「內在的敘事」，應該是針對克臘加特迫害比利的動機，而他的動機似乎成了一個費解之謎。在前錨鏈給比利設圈套的後甲板衛兵，他們比法庭的軍官所知更多，但他們只是糾察長迫害比利的工具，對於糾察長的動機同樣缺乏瞭解。還有一個神

秘的角色，他對內情的瞭解不亞於威爾船長，但這個人物在小說後面幾章中消失不見了，他就是老丹斯克。這位老兵早就洞察事情的實質，還在悲劇發生之前就對比利的命運有了不祥預感，是他最先指出糾察長是在「虐待」比利，但是「虐待」的動機是什麼，他並沒有說明。

博爾赫斯說：「《比利‧巴德》可歸結為描寫正義與法律衝突的故事，但這一總括遠沒有主人公的特點來得重要，他殺了人，卻始終不明白自己為什麼會受到審判並被定罪。」（《博爾赫斯全集‧散文卷下》，浙江文藝出版社，1999 年）

比利是理解審判和死刑的意義的，否則在臨終前也不會喊出那句話。他至死都不明白的是糾察長為什麼要迫害他。這種「無緣無故」的迫害行為，在故事的背景深處投落神秘的暗影。我們甚至可以設想，如果比利沒有殺死克臘加特，那麼冤情總會昭示，憑著威爾船長的英明，在帆桁末梢被絞死的那個人應該是克臘加特了。這個設想是合乎邏輯的。然而，即便事情朝著這個方向發展，克臘加特迫害比利的動機是否能夠得到理解，也是個未知數。

圍繞用餐事件，敘事人給出三個章節的提示，將敘事的流程暫時中止，跨入精神分析的領域；彷彿是進入不為人知的迷宮，每打開一道門，都能看見幽暗的側道和曲折的路徑。這種所謂的「內在的敘事」，也賦予小說某種不尋常的特點。它講述海上發生的故事，但是大海消失不見；它描寫三個人物的悲劇衝突，其衝突的內情又不為他人所知。「戰力號」是一艘孤零零的軍艦，提供舞台的分場佈景，好像是為上演室內劇而設置。路易斯‧馬姆福特談到這個特點時評論說：「小說有聰明的評論，有穎悟的闡述，缺少的是獨立

而活生生的創造……幾個主要人物實際上都不是人，而是演員和象徵。」（Lewis Mumford，*Herman Melville*，Literary Guild，1929）

麥爾維爾為之著迷的是否就是象徵，他筆下的人物是否具備「柏拉圖式的寓言澄澈的形態」，怕也未必盡然。作家動用精神分析手段，結果不在於理念，而在於觸及悲劇「秘密的現實」，照亮更深層次的內核。這篇聚焦於「內在」的敘事，顯示克臘加特「無緣無故」的迫害行為以及威爾船長「進退兩難的道德困境」，具有深刻的戲劇性。如果作家提供的只是「聰明的評論」而非原創的故事，那麼大半個世紀來圍繞《比利‧巴德》的評議，也不至於像今天看到的那樣顯得如此糾結，富於窺探的興趣。

三

其二，關於同性戀的問題。小說出版後不久，這個問題就被提了出來，如今差不多已達成共識。承認這篇小說包含同性戀的成分，這要比否認它來得容易些。小說提供的暗示，主要是〈導言〉例舉的三點，第十七章寫克臘加特偷偷注視比利，「帶著那種一動不動的沉思冥想和憂鬱哀傷的神色，他的眼中奇怪地噙滿剛剛萌生的激動不安的淚水」；第十八章寫威爾船長欣賞比利的男性美──「他的裸體或許可以為表現墮落之前的年輕亞當的雕塑擺個姿勢」；再就是船員夥伴叫比利「美人」，這個稱呼帶有性暗示。類似細節還可再例舉兩點。總之，認為同性戀主題是讀者莫須有的發明，怕很難有說服力。

毛姆的《巨匠與傑作》花費不少篇幅論證麥爾維爾的同性戀傾向，把《比利·巴德》當作一個佐證。對這篇小說的評論因此可以分成兩派，一派是不涉及同性戀主題，或者即便認為有也覺得是次要的；一派是拿同性戀主題大做文章，認為糾察長迫害比利的動機歸根結底是在於性慾，是性壓抑或「恐同症」作祟的緣故。隨著近來「酷兒理論」的流行，這一派的觀點或許還會花樣翻新。

沙勒斯·佩特爾在〈導言〉中甚至推測說，威爾船長也具有同性戀傾向，證據就是「裸體亞當」那句話。按照這個說法，國王陛下的軍艦「戰力號」幾乎是變成了同性戀俱樂部，而比利成了這種潛在性慾的不折不扣的犧牲品。這一派的解釋是把悲劇的性質轉移到性反常的領域，顯然也是誇大了文本中片言隻語的含義。威爾船長是一位學識淵博的人文學者，他把比利看作是「人種的絕佳標本」，由此聯想到「裸體亞當」的雕塑，這種聯想未必含有如此敏感的性慾成分。即便是克臘加特，已經被確定無疑地認作同性戀角色，他的性取向是否就是小說所要表現的主題，也還是大可質疑的。

小說最具形而上色彩的第十一章，也是此書最有名的一個章節，是有關「本性」（nature）的道德哲學的論述。作者首先排除羅曼蒂克的說法，把這扇透露秘聞趣事的大門關上，然後把話題引向一個頗為晦暗的領域，也就是那種似乎難以定義的偏執狂傾向，具體表現在糾察長克臘加特身上，此人對另一個人的反感，僅僅緣於那個人的外表長相，而那個人可能是無害的；如果他的反感「並不完全是由這種無害本身而引起的，那麼還有什麼能比

這種自發而玄奧的反感更帶有一點神秘性的呢」？作者鷹隼般的目光捕捉到一個他感興趣的題目，並將其納入本體論的思考。就像他在《白鯨》中談論「白鯨的白色」，現在他要談論的則是無緣無故的「玄奧的反感」。

如果小說的敘事偏離經驗主義的軌範，這是否意味著敘事也將偏離真實？麥爾維爾的回答是否定的。他參照的對象不僅有莎士比亞和霍桑，還有《聖經》。他的立論近乎專斷，卻也道出了身為作家的職責和體驗。作家要講述事實與真理，根據導源於本源的某種線索，而不是根據通常所謂的對這個世界的實際經驗，因為人與世界的摩擦，只會削弱他自身精微的洞察力。作家的職責是要揭示這個世界，揭示人性的善與惡，也即意味著要深入人類精神世界的秘密，給幽暗的本體帶來光照。從事這個本體論遊戲的人都是隱士，就像編織古老經書的那些希伯萊先知。但事實上，現代資本主義體制中的歐美作家，不得不經歷商業市場的擠壓，在職業作家的矛盾之中從事寫作和探索。麥爾維爾之後，像康拉德、喬伊斯、福克納、湯瑪斯‧曼等人，莫不如此。

毛姆的《巨匠與傑作》分析麥爾維爾職業生涯的奇怪轉折。作家早年憑藉《泰比》和《奧穆》獲得商業成功，何以突然轉向《皮埃爾》、《白鯨》這類晦澀難解的作品，變成一個悲觀主義者？毛姆的答案是同性戀，是同性戀問題的困擾。這個說法似乎忽略了作家在現代世界冒險的意義。麥爾維爾的轉變與其說是緣於性取向，還不如說是緣於靈智的取向。同性戀問題即便困擾麥爾維爾，也未必會比其他問題的困擾更具支配性。作家的性意識或性別意識被估價太高，其實也是一種簡單化的論調。

　　疑似「同性戀者」克臘加特，這個人物是邪惡的，而且不能否認的是，他的確也是富於人性的。按照敘事人提示，他是「戰力號」上僅次於威爾船長的智慧生物。作者在小說中為這個人物「隱藏的本性」花費筆墨，為我們展示偏執狂的一個頗為精細的結構：這種人的「墮落」毫無肉慾下流的成分，其言行受到理智高度控制，是一種能守護其界限的精神分裂，巧妙地托庇於禁慾和苦行的方式。「這種人是瘋子，而且是最危險的那種」；善於「把理性用作實施非理性的工具」，而且外表很難看出有精神錯亂的跡象。和威爾船長一樣，克臘加特鑒賞的不是比利的肉體，而是比利的精神。他的鑒賞包含著絕望和毀滅的慾望，好像他的天職就是玩弄與他狹路相逢的純真無邪，像是結網的蜘蛛，在捕捉獵物的那一刻有精確的算計，而且，還有人性「激動不安的淚水」的悄然凝視。

　　小說中出現的一個關鍵詞是「本性」。無論是描寫比利的「善」還是糾察長的「惡」，它都帶有一種道德決定論的意味。比利的純真無邪成為作品的道德中心；對他的描繪也結合各種形式的墮落作為對照，尤其是與「墮落者」克臘加特的對照。在作者看來，克臘加特的「邪惡的本性」，「其產生並不是由於壞品行的培養，不是由於傷風敗俗的書籍或淫亂放蕩的生活，而是與生俱來的，是內在固有的，總之，是『遵照本性的一種墮落』」。

　　既然如此，這個人物便是造物意義上的犧牲品，在通常的道德評判之外，也包含天意神秘的評判。我們看到，麥爾維爾的精神分析與現代精神分析學的泛性慾論傾向有所不同，他的做法是返回《聖經》的話語系統，從中擷取定義和修辭，命題和參照。描寫克臘加特的「墮落」，作者用《聖經》的一個短語「不法的隱意」

（mystery of iniquity）來解釋，它取自《新約·帖撒羅尼迦後書》（2：7），在小說中總共出現兩次。以此來解釋墮落的本性及其成因，似乎落入神學解釋的窠臼。從故事的構成來看，在「正義與法律的衝突」之中植入「不法的隱意」的暗示，故事便蒙上一層原始神秘的色彩，使得船長室裏上演的那幕戲劇變得扣人心弦。

糾察長「隱藏的本性」到了爆發時刻，比利至死都不明白為什麼受到迫害，這個悲劇的衝突又好像是難以避免的。讀者自然要問，是誰在導演這場可怕的悲劇？如果糾察長是因為性慾的緣故迫害比利，我們至少可以得到一個內在動機的解釋，實質也是一個歷史因素的解釋，因為，所謂的「恐同症」是由特殊的歷史文化造成的，那麼悲劇主要也是緣於歷史和環境的局限。但仔細想想，糾察長只是由於「恐同症」作祟而欲將比利置於死地，這個解釋不管怎麼說都還有待商榷。在小說三個提示性的章節中，我們絲毫沒有看到性慾方面的暗示。我們看到的是一種特殊類型的偏執狂，一種構造精緻的邪惡。如果說邪惡正是這場悲劇幕後的導演，那麼糾察長就是它的化身，但糾察長自己又如何能擔負全部的責任？按照威爾船長的說法，糾察長的死乃是「神意的判決」，而我們是否可以說，所謂「神意的判決」其實也是任性和武斷的，「它」要讓受造物接受「它」的「不公正」同時也要接受「它」不可思議的「神秘」？

《白鯨》通過亞哈船長的斷肢思考這個問題。在《比利·巴德》中，作者對「不法的隱意」的思考仍糾纏著惡魔的影子，通過人們通常能夠感受的一個悲劇故事，這種思考隱隱顯露出來，顯得耐人尋味。

四

　　其三，關於小說中的離題話。《白鯨》寫了大量的離題話，《比利・巴德》也這樣寫，這已成為麥爾維爾寫作上的特點；用他自己的話說，這是一種明知其犯戒的惡作劇式的樂趣。他喜歡引經據典，對正在形成的敘事結構加以評論（例如，把結尾的三個續篇看作是建築上的尖頂飾），用詩歌、哲學和歷史評論編織故事。小說以 1797 年英國海軍「大嘩變」為背景，穿插大量的歷史評注。實際上，背景還不僅僅局限於「拿破崙戰爭時期」的描述，它的涵蓋面要大得多。作者是站在現代的立場回顧「蒸汽船之前的那個時代」，他的關注是指向變動之中的西方文明。誠如查理斯・瑞克所言，《比利・巴德》眺望的是「正在到來的理性和科學的物質主義商業文明，而這種文明使得社會日益遠離人性的豐富洋溢的體驗」，在此意義上講，小說表達的是麥爾維爾「對美國命運的悲觀看法」。（Charles A. Reich，'The Tragedy of Justice in *Billy Budd*'， in *The Yale Review* 56，1967）

　　作者把比利寫成一個「正直的野蠻人」，把納爾遜上將說成是比詩人更偉大的感召者，把威爾船長視為謹醇克己的精神貴族，目的是為現時代普遍的精神墮落提供批判性對照，在這部篇幅不長的小說中繪製一份道德譜系，並使之貫穿一種強硬的道德訓誡。作者對於不同人格內涵的揭示，顯然不只是為了服務於故事的界面。例如，格雷弗林船長是個次要人物，在第一章中出現後便消失不見

了，作者同樣以生花妙筆給他製作素描，並以柔情的幽默描繪這個「聰慧仁慈」的人物。事實上，麥爾維爾對於海上社會並不抱有浪漫化的想法，他將戰艦的警察系統與陸地的商業部門相提並論，認為兩者都是與「全體的道德意志相違背」，但是只要涉及人類道德風範及其消亡之中的純真質樸的魅力，他會不惜筆墨，將譽美之詞奉送給帆船時代的水手，並以高調的姿態對陸地文明社會做出冷峻的評判。麥爾維爾的海上道德哲學，後來在康拉德的同類創作中顯然是有所呼應。麥爾維爾是美國人，康拉德是波蘭人，他們對大英帝國帆船時代的海軍和商船水手懷有淳樸的景仰之情，根據這個光榮的群體來設計那些具有道德魅力的人物，這種做法能夠反映他們的價值觀。

《比利‧巴德》其實是一部外國題材的小說，寫的是英國海軍的故事，為什麼查理斯‧瑞克說它表達的是「對美國命運的悲觀看法」？因為美國是新興的商業文明和現代價值觀念的代表。身為美國人，作者的立場和視野必然影響他對題材的思考，而他的思考確實是溢出了故事的介面，使得小說的敘述也包含詩人對於現代文明的反思。

納爾遜的「勝利號」殘骸與歐洲龐大的鐵甲艦，英吉利海峽的戰爭與巴士底獄倒塌的「鬥亂煙塵」，革命時期那種「異教徒的大膽放肆」與歐洲時局的動盪不安，這幅宏觀的歷史圖景意味著價值的變革，也意味著價值的深刻危機；作家並沒有被「人的權利」及其進步的表像所迷惑，而是對這個世界的進程抱有微漠深廣的憂慮。篇中但凡涉及法國革命、拿破崙及「恐怖時期」的督政府，幾乎都沒有什麼好的評價。作者批評英國海軍的「強行徵募」政策，

對「諾爾嘩變」做出中肯分析，但總體上還是將英國海軍的危機與歐陸革命的動盪聯繫起來，強調舊秩序的崩潰所帶來的各種惡果。他的同情是落在英國人這一邊，彷彿這個島國象徵的體制和道德感處在孤立的境地，被革命的火焰和地獄魔影所包圍。麥爾維爾遺作中這種保守的思想立場，影響到這個故事的講述。他堅守貴族榮譽感和自覺的道德激情，這種思想貫穿於各類離題話的敷衍闡述當中，也體現在納爾遜上將、威爾船長和格雷弗林船長這些形象的刻畫之中。

中心人物當然還是威爾船長。一個斯多亞式的精神貴族。他不像「英俊水手」或納爾遜上將那樣熠熠閃亮；他的面目是要平凡得多，但他的人格當中有著一個令人著迷的跨度，從軍人的嚴肅幹練到耽於沉思的書卷氣，使他的形象散發獨特魅力。威爾船長其實就是那種父性權威，凝聚著種族的精血和理性，而一個沒有父性權威的種族則是破落混亂的，會糾纏於怨恨而喪失希望。我們不應該將他對於信念、秩序和形式尺度的看法，僅僅理解為刻板的軍紀訓導或書生氣的迂腐，而是應該理解為對於價值失範時代做出的敏銳修正。小說第六、七章製作的兩幅素描，可以幫助我們去深入人物的精神世界，那種斯多亞式的超然與內威的微妙反差，有著造型上的堅實內斂的美感。

麥爾維爾是一位小說大師，對於人物的精神等級有準確的把握。他並沒有去美化普通群眾的精神面貌，也未借助於羅曼司和通俗劇的情慾渲染。他想探究人性惡在道德生活中的位置，而不是要去繪製一個平面化的地獄。小說是典型的 19 世紀作品，保留著性格鑒賞的趣味。它不像今天的小說，由於價值的過度分解而趨向於

瑣碎曖昧，而是根據反思的張力來設計人物，將人物形象與道德思考的內在活力結合起來。談到威爾船長，如果說此人只是一個實施紀律者，並不具備深沉的人格魅力，如〈導言〉作者所說，不過是「一個蹩腳的納爾遜」，那麼比利的審判恐怕也不至於如此讓人思索。換言之，對威爾船長輕易做出貶抑性的評論，其實會削弱這齣悲劇的力度。

五

　　其四，關於比利的審判。具有父性權威的英明的威爾船長，在關鍵時刻拋棄了比利，這只最需要他保護的羔羊。是他組織並操縱戰地臨時軍事法庭，將比利送上了絞刑架，因此在讀者心目中，他的行為無異於謀殺，做了克臘加特想做而沒有做到的事情。如果說比利的悲劇是代表「正義和法律的衝突」，那麼威爾船長至少沒有站在正義這一方。他成了法律冷酷無情的代表，他的判決是對純真無辜的謀殺。

　　比利的審判是小說的高潮，有關庭審的章節也是此書篇幅最長的章節。讀者關心的是，判決能否有另外的結果？也就是說，比利能否不死？根據《軍律》和《反叛亂條例》，比利虐殺上級，理當處死。將此案移交艦隊司令員來處理，結果怕也一樣。

　　然而審判並非沒有漏洞。海軍陸戰隊上尉質疑說，不應該孤立審理此案，而是應該展開橫向調查。他的提議當即遭到威爾船長的阻止。可以設想，橫向調查不難取得有利於比利的結

果。比利要配合調查，只能供述前錨鏈事件，不同的證人都在。要讓比利不死，這麼做才是有希望的，但威爾船長沒有聽取意見，反而將話題轉到「不法的隱意」的暗示，這種做法不能不說是草率的。

正如敘事人反覆提示的那樣，威爾船長的判決，根源還是在於擔心嘩變。他隱匿屍體，封鎖消息，草草審理此案，這些行為皆源於當時的形勢所造成的恐懼心理。他阻止橫向調查的原因也在於此。這裏不妨推測，威爾船長並非沒有意識到審判所包含的漏洞，他將比利的悲劇理解為「不法的隱意」的暗示，說明他是以某種「不公正」本身所具有的合理性來看待此案，因此無可否認的是，他確實是將比利當作祭品來對待，不是法律的祭品（如果合法也就稱不上是祭品了），而是出於穩定情勢的需要做出犧牲。威爾船長的決定應該包含這一層考慮。小說第二十二章「密室裏的會談」也對此作出暗示，似乎審判者和被審判者之間已經達成某種諒解，基於兩個人的本性都具有「慷慨大度」的高貴，一方承受「不公正」的犧牲，另一方承受「不公正」的責任，而後者的痛苦並不亞於前者。

本來讀者以為，比利和克臘加特的故事只是某種善惡二元論的詮釋，當比利失手殺死克臘加特，這個意外的結果倒也符合惡有惡報的邏輯，孰料威爾船長的介入使這個故事變得讓人難以承受。涉及所謂的「正義與法律」的衝突，威爾船長才是真正的主角，他面臨一個「進退兩難的道德困境」，他知道比利是無辜的，他要服從良知還是法律？這似乎很難抉擇。不管威爾船長的做法是否合理，他對於當下情勢的理解是否有些扭曲，他將比利當作替罪羊絞死

是否真有必要，有一點是可以肯定的，他充分理解這個抉擇所包含的悲劇性，也承受它所帶來的後果。

也許讀者會認為，威爾船長在處理這個案子時，沒有解決兩個最基本的問題，其一，比利並沒有故意要殺人，其二，比利也沒有煽動叛亂，因此這個判決是不得人心的，它對於法律的理解和運用也是片面的，而這個案子的審理，本來應該有更合理的步驟和結果，既不違背法律，也不濫殺無辜。

確實，威爾船長在庭審時過度使用自己的權威，似乎也過於相信悲劇性的抉擇所包含的意義：他只是抓住比利殺人的後果來權衡利害關係，沒有超越當下的情勢對於他的影響。他的局限性是不容否認的。然而，淡化當時的環境所造成的壓力，忽略十八世紀軍法的特殊規定，無視其權威所擔當的責任和孤獨，據此想要做出合理總結，恐怕也不那麼容易。

《比利・巴德》幾乎將所有可能性的推測和盤托出，讓我們去評判這個悲劇：一個高貴的人如何殺害另一個高貴的人，英明的父性權威如何殺害他純真無邪的孩子（而且沒有《舊約》的天使飛下來阻止）。敘事人似乎暗示，我們對於現實合理性的要求和評估（整個啟蒙世紀的哲學本質在於此）讓人執著於機智的分析，得出妥善的結論，協調悲慘的現實，注入虛弱的品味，但或許無助於理解悲劇的實質。「英俊水手」在「大嘩變」之年的遭遇是如此不幸，也讓人銘記難忘。誰能說他只是帶著人性悲慘的感受走向死亡，而不是帶著人性的善良和高貴？小說以一首描寫死亡的詩歌結束，詩中似乎並無怨懟與責難的意味；它折射死亡迷蒙的幻影，抒發人物悲酸的際遇，召喚迷途的莊嚴和慰

藉……而我們已經知道，這首動人的詩歌也是麥爾維爾寫作此書
的緣起。

【作者按】

　　中譯本根據紐約華盛頓廣場出版社 1999 年版譯出，它使用的
是哈里森・希福德和默頓・希爾茨編輯的本子，附有沙勒斯・佩特
爾撰寫的〈導言〉。譯者對原版註腳適當有所增刪，凡屬中譯者添
加的，具體都有注明。感謝代瑞克・傅尼埃（Deryk Fournier）的
推薦，專程饋贈此書。也感謝人民文學出版社出版這個譯作。

2009 年 7 月 5 日-2009 年 11 月 10 日，杭州-首爾

（赫爾曼・麥爾維爾：《水手比利・巴德》，許志強譯，

人民文學出版社 2010 年）

此文原載於《書城》2010 年 1 月號

四輯

布爾加科夫與果戈理：文學史的對話

一、誰是小說的主人公？

　　根據現有的一種說法，《大師和瑪格麗特》一書總共有「三個大師」：約書亞、沃蘭德和大師。換句話說，這三個角色都可以算作是小說的主人公。[1]我們知道這與作者書中的聲明並不一致。作為一種讀法，也是未嘗不可，但實際上在這部小說當中這並不是一個自由的環節，可以由我們任意的闡釋的。為了把問題弄清楚，不妨回到布爾加科夫創作這部小說的經過先來探究一番，這個方面，萊斯莉・米爾恩（Leslie Milne）所著的《布爾加科夫評傳》給我們提供了一個大致的輪廓。

　　從小說原始的底本到現在出版的定稿本，作者的不斷修改和擴充的過程本身就是一條頗有啟發的線索。比如說，1931 年，「有關基督和魔鬼的長篇小說」的創作已經幾易其稿，布爾加科夫開始重寫這部小說。一個值得注意的現象是，「瑪格麗特」的名字直到

---

[1] 萊斯莉・米爾恩：《布爾加科夫評傳》，杜文娟、李越峰譯，華夏出版社 2001年，第 262 頁。

這個時候才首次提到．瑪格麗特，還有她那位無名的伴侶出現在了手稿當中。這個變化不能不說是具有里程碑的意義。爾後，1934年秋天至 1936 年夏天，作者對已經完成的第一個完整的修訂本進行了加工，增加了一些內容。那位新來的主人公──「詩人」、「浮士德」、瑪格麗特的情人──開始佔據原先是由魔鬼沃蘭德主宰的那個空間，並且擁有了闡明其本質的名字：大師。大師的稱號在此前的修訂本中都是屬於沃蘭德的，現在則轉移到了新的主人公身上。至此，小說總體的規模確定下來了，只是標題尚無定名。我們現在讀到的在俄語和英語中均為押頭韻的那個聯合標題，是要等到次年的 11 月才最終得以確立。[2]

作品出現了新的主人公，這一點出乎讀者的意料。作者的一個密友帕維爾‧波波夫熟悉手稿的內容，後來他寫信給葉蓮娜‧謝爾蓋耶夫娜（作者的妻子）時這樣說道：「後半部是對我的一個啟示。我根本不知道這一部份。都是新的人物形象和各種關係。標題中的瑪格麗特是您本人。我原以為新標題提到的是沃蘭德及其夫人。」[3]

瑪格麗特這個人物，據說是與作者新婚的妻子（葉蓮娜）有關。可為什麼會把瑪格麗特當作是沃蘭德的夫人？這涉及到形象和敘述上的常規的理解。因為，讀者的注意力主要集中在沃蘭德身上，以為後半部裏他仍是男性的主角。等到作者宣佈真正的主角登場，他們已經形成的認識在某種程度上是被打亂了。初讀《大師和瑪格麗特》時看到另有一個主角出現都會發生類似的感受。

---

[2] 　同上第 209-235 頁。

[3] 　同上第 270 頁。

如果撇開小說的後半部不談，單從上半部來講，小說的主人公無疑應該就是沃蘭德。其實後半部裏他的戲份也一樣不少。他是貫穿全篇的人物，是敘事的軸心，是和讀者有默契的主要角色。而這一點與作者原先的構想是吻合的。在 1928～1929 年的《工程師的蹄子》中，沃蘭德，這位「有點兒像惡魔的外國人」[4]，樂於偽裝，故弄玄虛，他以目擊者的口吻對兩位文學家講述了耶穌被審判然後被釘上十字架的故事，用了單獨一章的篇幅（基督的故事當時還沒有分離出來）。可以說，無論是精神還是言行的風貌，沃蘭德更像是作者的代言人或曰「同貌人」。這些都增添了這個角色的份量。《評傳》提供的材料告訴我們，1931 年以前的幾個修訂本中沃蘭德一直被視為中心人物。另外，手稿的名字亦可說明這一點。在相當長一段時間裏，小說比較固定的標題都是「有關魔鬼的小說」，「有關沃蘭德的小說」以及「有關基督與魔鬼的小說」，[5]等等。

這一節我們要談的問題是：誰是小說的主人公？

這個問題的答案已經很清楚了。主人公就是大師。這是作者親口告訴我們的。《大師和瑪格麗特》第一部第 13 章的標題「主角登場」[6]，便是在澄清問題的答案。它更像是深思熟慮之後的宣告，是一種別有意味的強調。作者通過這個章節的小標題明確告訴我們，這部小說的主人公是大師，而不是沃蘭德。這樣，隨著大師

---

[4] 萊斯莉·米爾恩：《布爾加科夫評傳》，杜文娟、李越峰譯，華夏出版社 2001 年，第 188 頁。

[5] 同上第 235 頁。

[6] 《布爾加科夫文集》第四卷，戴驄、曹國維譯，作家出版社 1998 年，第 171 頁。

這個人物在第一部的後半截登場，作者最終解決了小說中主人公歸屬的問題。他必須澄清類似於帕維爾・波波夫那封信中的誤解，直截了當地說明誰是這部小說的主人公。然而，尚有一個疑問：這個寫法如此特殊的作品，同時擁有幾個主角也未嘗不可，為什麼還要格外加以強調？在後面的闡述中我們會逐漸觸及到這個問題所包含的決定性意義。

第一部總共是 18 章，而主角直到第 13 章才登場亮相。只能說作者這麼做是別有用意的。那麼，這是出於何種考慮？從小說第一部和第二部之間結構的平衡來考慮，這是可以理解的。可以說，主角此刻出場，是後半部的引子，從而延伸出新的形象和人物關係。

從另一個方面來看，這添加的內容（大師和瑪格麗特的悲劇故事）最終卻是把小說的第一部給拆開了。這裏的敘述打入一個楔子，一個不同的聲音和調子，如同彼拉多的故事在章節之間形成的那些隔斷一樣，它使得莫斯科諷刺劇那連綿的長廊撬開了又一道縫隙；第一部中諷刺劇的結構原本是可以自成一體的，現在被迫變形，移位，逐漸綜合於新的時空演變的整體格局之中。由於加入了新的元素，原先各個要素的性質也就產生了始料不及的變化。所以說，不聯繫後半部，大概就不容易理解「主角」的位置和出場的時間，以及作者總體上這樣安排的匠心之所在。

然而，這個並不是我們要關心的問題。我們的問題是：作者為什麼要重新確立主人公？還有，如果大師是這部小說的主人公，那麼沃蘭德又是什麼？大師這一後來添加進去的角色，對於整部作品的構想究竟具有何種意義？

　　這一系列的問題，如果單從《大師和瑪格麗特》文本的內部去分析是容易忽略的。事實上，從最終的效果去看，基督和彼拉多，大師和瑪格麗特，這兩組人物已經構成對稱的兩極，像是一對翅膀插在沃蘭德小說的肉身之上。這個變幻的造型正是我們所要探究的。本文單是選用大師的這一面來詳加說明。現在，不妨另覓途徑，在人們尚未涉足的領域去探索問題的答案。我們嘗試著將這部小說放入到文學史中去考察，為它找到問題的另一種來源，找到美學上的一個參照，這個時候就會發現事情的背後是有故事的。布爾加科夫對於小說主人公的精心設計，實質上是牽涉到文學史的一個懸而未決的課題。

　　正是從這樣一個背景出發，我們看到，小說從「沃蘭德的福音書」演變為最後的這個定稿本，這個過程中布爾加科夫所遇到的課題以及來自於小說本身的挑戰，是與另一位前輩作家有著密切的對應與聯繫。概括的講，《大師和瑪格麗特》的作者這裏面對的問題，恰好就是《死魂靈》的作者所遺留的問題。果戈理那未能解決的難題，像是棋譜上的殘局，留給了另一個作家。這是一種惟有在文學史的內部才能結成的潛在的對話關係。俄國的諷刺文學從其不朽的開端到一個輝煌的終結，彷彿是命裏註定，要在這裏聯繫起來並且成就一個美學上的課題。我們或許可以發現，《死魂靈》（第二部）的創作悲劇，果戈理嘔心瀝血、終告失敗的寫作，他臨終前焚毀的殘稿所包含的未竟之業，其實就是布爾加科夫這部小說創作上的一個起點。

二、乞乞科夫或沃蘭德：諷刺作家的視角

如果我們把書中的基督和彼拉多的故事，還有大師和瑪格麗特的故事都統統抹掉的話，剩下的會是一部什麼樣的小說？我們說，那就是一部果戈理式的小說。《大師和瑪格麗特》中魔鬼訪問莫斯科市單獨構成的那一部份，與乞乞科夫造訪 NN 城的歷險故事是屬於同一個藝術樣式。布爾加科夫從果戈理獨創性的寫作當中至少繼承了兩個藝術樣式，這裏我們要講的便是其中的一個。

在《死魂靈》的開篇，乞乞科夫獨自來到 NN 城，他引出的是一個長篇喜劇的連鎖結構。與以往的敘事文學不同，這一人物的存在，他與故事中的其他角色一律都體現為主客的間離關係，構成一種戲劇性的互動。他是情節的施動者，像幽靈一樣游離於他人的生活之外，而每一次漫遊、出擊和行騙都引發一場笑劇。沒有他，這部小說就進行不下去。由於這個人物特殊的存在，一幕幕的喜劇湧現出來，每一幕都有一個新的角色或曰人物典型，身份大抵相仿（都是俄國地主），但是人物的性格以及故事的笑料是絕不重複的。將這些角色各異的獨幕劇串成一部長篇小說的中心人物是乞乞科夫。他是敘述的主角，與他所見的一個接一個的典型人物打交道，又是每一個故事中的演員，在情節的戲劇性的變化之中將小說推向諷刺喜劇的狂歡。《死魂靈》第一部形成的這個藝術樣式，融合了敘事與戲劇的雙重要素，這在諷刺文學中可以說是獨一無二的創造。高爾基的《俄國文學史》第五章「果戈理論」將這位作家貶

得幾乎一無是處。他能承認的兩部作品《欽差大臣》和《死魂靈》，他認為主要也是由於普希金現實主義思想的功勞。出於某些奇怪的原因，高爾基始終不願承認果戈理是有獨創性的，但是卻能讚賞布爾加科夫和伊薩克・巴別爾。他的思想似乎是有些任性古怪。

　　俄國的文學史上，尤其是安德魯・菲爾德（Andrew Field）提到的「果戈理傳統」（Gogolian tradition）[7]的眾多作家中，除了布爾加科夫之外，迄今還沒有哪一個人是如此直觀地利用過《死魂靈》的藝術樣式。此前沒有，之後也未曾有過。這是我們要談論的一個現象。《大師和瑪格麗特》中的莫斯科故事，就其形制而言是《死魂靈》的一個翻版，受到果戈理的創作主體性的影響。一旦置於比較之中，就可以看得更加清楚了。農奴制俄國的鄉村與新經濟政策的蘇聯首都，時代與生活的佈景已經大大改換，而魔鬼沃蘭德訪問莫斯科城引出的，則是一個我們已經熟悉的長篇喜劇的連鎖結構。

　　這一樣式從《死魂靈》移植過來，成為作家寫作的一個起點。因為，同為戲劇家和小說家的布爾加科夫，他也需要在一部長篇小說中製作喜劇的套餐，融入滑稽的有時是漫畫式的連鎖鬧劇的細節，加入對於慾望的道德諷刺以及他所偏愛的大騷亂的結局，等等。其中每一幕的笑料也是絕不重複，帶有精心刻畫的《死魂靈》的敘事原則。果戈理的影響乃是不言而喻的。作家早期的集子《惡魔紀》中《乞乞科夫的冒險經歷》便是對於果戈理作品公開的滑稽模仿，而這裏的魔鬼訪問莫斯科的篇章則可視為一種更為全面的效仿。

---

[7]　FIELD, Andrew: *NABOKOV, His Life in Art*, Boston: Little Brown and Company, 1967, p.192

　　可以撇開個人的氣質與獨創性不談，例如，萊斯莉·米爾恩的書中也談到，布爾加科夫是「一位喜好探討時事的幽默作家」，「他的怪誕的想像力有時事的以及個人的刺激因素」[8]。至於說他在諷刺文學上受到的影響，其影響也是不限於果戈理的。然而，從一個常識世界的幽默與調和的中間領域到達諷刺與不妥協的較高領域，我們則可以較為充分地意識到布爾加科夫的選擇，他與這個類型的文學之間那種天然的親緣關係，他對於特定的範例的認同，等等。而這些都可以告訴我們，所謂的俄國社會那種異常肥沃的喜劇土壤，其實並不是專門儲備起來以供某一位作家使用的。布爾加科夫和果戈理一樣，本質上是冒險的作家。能使他們達到同一個高度的那種內在的力量，正是基於作家的自我意識。他們似乎難以停留在現實的調和與幽默的領域內，成為（左琴科那樣）針砭時事和諷喻政策的小說家。無論是乞乞科夫還是魔鬼沃蘭德，個人與社會顯示其對立面的那種主客的立場，乃是作者思想的一個共同的表徵：傾心於突入社會的禁區（《狗心》即是一個例子），通過偽裝的面具表達活力。兩位作家筆下的角色因此也獲得了內涵上的相似：乞乞科夫或沃蘭德，他們都是「不明身份」的人，都是從一個外部世界闖入俄國封閉的社會。現在我們或許可以理解：他們的出現，其實就是諷刺作家在長篇小說中努力尋找的那個透視現實的視角。

　　布爾加科夫他必然意識到這個視角內含的威力，並使之具有再生的可能。比如，我們談到過《工程師的蹄子》描繪的沃蘭德是個

---

[8]　萊斯莉·米爾恩：《布爾加科夫評傳》，杜文娟、李越峰譯，華夏出版社 2001年，第 65 頁，第 75 頁。

「有點兒像惡魔的外國人」。這種對於角色的設計反映了作者思想上的某種偏愛，可它本身就是一個相當有力的詮釋，可以說，是在藝術的功能上詮釋了乞乞科夫這一人物的作用及其創造性意義。布爾加科夫自覺的仿效與提煉，在某種程度上能使我們對角色理解得更為透徹。與其說那是作品的主人公或中心人物，還不如說是一種特殊類型的角色。他們是作者展開敘述的合作對象，與作者分擔一部小說的敘述、觀察、經歷與見聞。角色自身游離於社會生活的內與外之間，其出入的自由度有點類似於古代史詩中的遊吟詩人。而他們另一個重要的特徵則體現在這兩部作品的開篇：這兩個人物均是以陌生的造訪者的身份出現的。這是讀者不能不注意到的一個現象。他們都是外來者，外來的「紳士」，或是喬裝改扮的「外國人」，進入讀者與文本的雙重視野中，而且始終保持陌生化的身份。也就是說，人物自身是一個切入的角度，不僅揭開當代生活題材真實的觀察，而且還要激發諷刺的戲劇性。後者則使長篇小說得以擺脫乏味的表像展覽，使它有可能對日常的現實加以一種戲劇的改造。

如此說來，充當視角的人物委實是居於一個銳意進取的地位，在敘述中形影不離，參與作家那種本質上是虛無的創造，並且與「人物群像」所處的現實世界構成一種主客的關係，構成其突發性的好奇、驚疑、緊張、動亂或行為上的諸種遭遇。這是人處於他的世界之中，世界處於壓力之下發生的幾種瞬間性的際遇；在事物瀕臨破滅的關節，得以諦視一個虛無或者新生。而《死魂靈》的魅力亦在於此，諷刺作家憑藉這個自由出入的戲劇性的視角而獲得一種神秘的敘述能量。後來我們看到的布爾加科夫的有關「魔術」的

觀念，其實主要還是來源於果戈理的幾種實驗，並非全然（像米爾恩所說的[9]）是神話和科幻讀物的影響。

另一個方面，如果僅從道德的立場來加以審視的話，那麼，承擔著此項功能的角色，在小說中卻並不具備肯定的尺度與力量。相反，這類角色總是顯示其懷疑、欺瞞、陰謀、挑釁或沉淪，在實際的行動中（或是因其行動而）背離精神的完善與光明面，就像《大師和瑪格麗特》扉頁內歌德的詩句所昭示的那樣，那是在一個低於生活的層面上展開的持續的向下的活動。魔鬼或騙子，成了諷刺作家的合作對象，這真可謂是無獨有偶。當類似的交易在創作中一旦達成之後，其過程是不可逆轉的。這就是諷刺作家的冒險，他們悲劇性的後果是由工作的本質決定的。在這個與惡為伍、自我的統一性瓦解並且滑落的過程中，作者是通過其合作的對象才得以突入精神猥褻的現場，觸及俄國社會荒唐可笑的現實，並且因為這一特定的現實而獲得喜劇的靈感高漲。我們可以看到，沃蘭德或是乞乞科夫，角色與現實世界之間主客互動的立場，互相融合又彼此對立，在時間的維度上包含自我與現實意識的微妙差異，其嚴肅性與滑稽性的表演造成了一種持續傳遞的情節高潮，這一點在《大師和瑪格麗特》中表現得更加自覺和巧妙，其顛覆性的力量也更加的尖銳，而我們說，這也正是戲劇的間離化原則運用於敘事文學的一個結果，其始作俑者便是《死魂靈》的創作。

現在看來，若是要對果戈理的開創性的工作做出評估，在價值上有一個較為充分的認識，可能這不是別林斯基時代的批評家能夠

---

[9]　同上第 65 頁。

做的事情。某一種藝術樣式如果稱得上是樣式的話，那就不能是一種孤零零的存在。文學史的創造肯定是需要時間，也需要通過創造性的提煉才會對已有的東西產生新的發現。正如人們必須借助於《大師和瑪格麗特》第二部「幻象」的表達，才開始認識到果戈理《維》的創作價值。有時候，這是一個需要回溯的過程。而現在我們則可以獲得一個觀察的視野。

因此，談到布爾加科夫，當我們說魔鬼沃蘭德實質上是作者的「同貌人」時，我們應該是以這個人物作為透視現實的視角這一最為充分的意義上說的。布爾加科夫仿效《死魂靈》的樣式，汲取其視角、人物群像與連鎖喜劇三位一體的結構。在他 1931 年之前的手稿中，不管是《工程師的蹄子》還是稍後的《蹄足顧問》，長篇小說原始的雛形應該就是一部非常典型的果戈理式的作品。彼拉多的故事尚未從魔鬼的口述中分化出來，大師和瑪格麗特的部份還沒有添加進去。而不管什麼時候我們都可以看到，在果戈理奠定的這個三位一體的樣式中，惟獨沒有傳統意義上的正面形象或主人公。這一點，果戈理自己也已經看到了。

三、史詩及其變體

果戈理認為，他的長篇小說是「史詩」，是多卷本的規模宏大的創作；《死魂靈》第一部不過是剛剛開了個頭。他在書中是這樣對讀者交代的：

可是，一股神奇的力量決定我還要和我的古怪的主人公們攜

著手一起長久地走下去，去曆覽整個浩闊壯大的、奔騰不息

的人生，透過世人所能見到的笑和世人見不到的、沒有嘗

味過的淚去曆覽人生！至於靈感的狂飆將何時從籠罩著神

聖的恐怖和有時閃現光明的頭腦裏發出另一種威力，人們

又將何時在一片惶惑不安的戰慄中諦聽到另一番莊嚴的雷

鳴般的話語……那還要隔很長很長的時間。[10]

作者的預告與他題寫在初版封面上的「史詩」二字是遙相呼應

的，那也是他對自己的作品做出的一個鑒定。人們對此感到不解，

似乎難以將史詩的題名和已經出版的這部《死魂靈》聯繫起來。尼

古拉·波列伏依撰文批評：「不用說，這種題名是鬧著玩的。」[11]小

說面世之後有過許多的爭論，這是其中的一點。

從上面的引文裏，至少可以窺見詩人果戈理撰寫本書的一個初

衷。那就是，他要寫的不僅僅是一個喜劇作品。史詩的莊嚴崇高的

威力也是必須要進一步展現的內涵。至於小說接下來是將以悲劇

的形式出現，還是悲劇與喜劇的某種結合，或者是以其他的什麼形

式來表現，這些他並未作出交代。

在寫給普希金的一封信中他介紹說，這「將是一部卷帙浩繁

的長篇小說，而且它也許會使人發笑……我打算在這部長篇小說

裏，即使只從一個側面也好，一定要把整個俄羅斯反映出來。」[12]

---

[10] 果戈理：《死魂靈》，滿濤、許慶道譯，人民文學出版社1995年，第163頁。

[11] 別林斯基：《文學的幻想》，滿濤譯，安徽文藝出版社1996年，第192頁。

[12] 轉引自果戈理《死魂靈》，滿濤、許慶道譯，人民文學出版社1995年，《〈死
魂靈〉前言》第2頁。

　　從既有的狀況來看，《死魂靈》的第一部是個喜劇的諷刺作品。作者在第二部的寫作中試圖突破已經形成的模式，他首先碰到的問題是，他必須要塑造一個主角。未來的史詩中的正劇或悲劇需要一個新的角色。這個問題在他寫第一部時還沒有觸及到，但是第二部卻把問題暴露出來了。

　　第二部的開篇，乞乞科夫又像幽靈似的出現了。但這個人物卻是在重複第一部裏的差事。幾個章節過後，讀者逐漸意識到，小說是過去的一個翻版。第二部裏仍有出色的笑料和典型，但的確是在重複過去的模式。（這個問題，布爾加科夫在寫沃蘭德的篇章時同樣也會遇到。）我們注意到在剛才的那段引文中，作者提到他「古怪的主人公們」，他用的是一個名詞的複數形式。這是指第一部裏精心刻畫的「人物群像」。在作者的理解當中，他們（瑪尼洛夫，索巴凱維奇，諾茲德廖夫……）都是這部小說的主人公。那麼，對於整部小說來講，這究竟是一個可喜的前景還是一個可怕的前景？複數的主人公意味著數量上還要不斷增長。也就是說，只要乞乞科夫的漫遊還在繼續，長篇小說的主人公們將源源不斷地繁殖出來，而且似乎沒有終止，沒有一個真正的結束。

　　《死魂靈》第二部留下的五個章節的殘篇證明，史詩已經鑽入死胡同。根本上講，這是作者所創造的藝術樣式與其直覺的遠景之間內在矛盾的體現。我們可以說，單就第一部而言，未必真的需要確立一個主角或是通常意義上的那種正面形象。「所有受過教育的俄國人都熟悉果戈理的那一主張，即在一部沒有正面人物的喜劇中扮演正面角色的就是笑聲。」[13]但是，在喜劇的寫作已經奠定，作

---

[13] 萊斯莉‧米爾恩：《布爾加科夫評傳》，杜文娟、李越峰譯，華夏出版社 2001

者想要離開這個模式繼續往下寫的時候，他面對的和考慮的問題就不同了。也就是說，我們所討論的主人公的概念是與史詩結合在一起的。可作者後來並沒有去另立主角，卻煞費苦心，設計了乞乞科夫終於改悔這一幕，人們認為這既不成功也不真實。小說寫到這裏就沒能再寫下去。隨之便發生了作者焚稿的慘劇，他的思想已經動搖了。如果說《死魂靈》（第二部）的寫作是個失敗，那也是針對史詩未能實現的構想而言的。

小說需要塑造一個正面的典型，這聽起來就像是從概念出發在搞創作，是拘泥於傳統的美學理念，也像是作家觀念上的一個陷阱。是有不少人認為作者失敗的根源就在於此，乞乞科夫的改悔滲透了作家僵死的說教，從而扼殺了這部小說。其實，退一步想，就算是乞乞科夫沒有改悔，也未必能夠挽救第二部的寫作。所謂正面形象的主人公塑造，在這個我們看似中庸的問題背後，隱藏著一種更為深刻的需要，那就是說，作者仍然還是非常需要一個不同以往的角色和形式，需要原先的結構無法提供的能量來源，在新的（或許是更高的）層面上推動長篇史詩的敘述。

認為乞乞科夫或沃蘭德這類角色（道德上）沒有資格充當小說的主人公，因而需要另覓一個角色，這種看法無疑是怯懦的。納撒尼爾·霍桑說：「所謂詩人的洞察力，就是在被迫披有骯髒外衣的完美與崇高的奇怪混合體中，識別真偽和明辨是非的天賦。」[14]這兩個人物透視現實的陰暗面，具有自身的質的規定性。至於另覓一

（接上頁）年，第 178 頁。

[14] 納撒尼爾·霍桑：《七角樓房》，王譽公、王祖哲譯，灕江出版社 2001 年，第 29 頁。

個角色或重新塑造角色，其意義不在於要去彌補道德主題上的漏
洞，而應該仍然是一種純形式的需要，是基於情感和想像力的一
種提升。

人們會說，那個真實的乞乞科夫總是像幽靈似的出現。果戈理
試圖促使這個人物新生，改變他的形象和道德判斷，事實上是在拆
毀這部小說。「幽靈」這個詞，與其說是比喻，還不如說是這個角色
恰如其分的實質。他是敘述的視角，自身難以作為全稱意義上的觀
察的對象。儘管他也是作者理解中的主人公，由於角色的特殊性，
其行為和思想的變數其實是很小的。而小說寫到第二部，仍然不能
夠跳出乞乞科夫的觀察半徑，將敘述導向新的方向，從而擺脫因襲
的影子。不能不說這是史詩難以為繼的一個非常現實的障礙。作者
沒有辦法打破第一部已經封閉起來的那個成功的模式，沒有能力使
它發生實質的變化了。

《死魂靈》未完成的寫作是果戈理遺留的一個課題。在他確立
的藝術樣式與史詩的整體構想之間似乎有著難以解決的矛盾。隨著
作家的去世，內在的矛盾保留下來，變成了文學史上懸而未決的遺
憾。這位俄國的荷馬，雖竭盡努力仍不能覓得理想的悲劇角色，難
道這真是「運命所限」[15]？果戈理說：「……那還要隔很長很長時間。」

而現在，我們從《大師和瑪格麗特》「主角登場」擲地有聲的
宣告中，似乎聽到了一絲弦外之音。這……是否可以視之為一種有
趣的反響？布爾加科夫對於「主角」的確立和強調，應該看作是一
個回答，——針對果戈理遺留的課題，為未竟的史詩尋找其出路的
一個（可能的）解決方案。這是從文學史的角度去解剖這部小說可

---

[15] 魯迅：《古籍序跋集／譯文序跋集》，中國文史出版社 2002 年，第 335 頁。

以得出的立場。作者承接《死魂靈》的樣式，必然要面對這個樣式潛在的命題與挑戰。儘管總體上講，他的小說並不是果戈理的時代所理解的或是所能設想的那種史詩作品，而是一個作者自己意識到「在各種文化傳統激勵下而創造出來的人工文化製品」[16]，是作者所謂的「最後的落日時分的長篇」[17]，是一個終結。然而，它的最初的出發點以及其後的一系列修改，確實是建立在果戈理的模式及其限度之上的，我們姑且稱其為是史詩的一個變體。

人們感覺到，在很長的一段時間裏，自然主義的或現實主義的理論似乎都難以概括果戈理的藝術（高爾基質疑果戈理是現實主義作家[18]），而這兩類創作理念，仔細想來確實也不足以深入《死魂靈》中闡述並預告過的那種詩學，那個部份是來自於基督教繪畫藝術的死亡與崇高的詩學源流。這裏我們不妨設問：要是果戈理他看見布爾加科夫最終的那種處理方法，他會作何感想？他會驚訝，會表示贊許嗎？……果戈理他個人的遺憾，還在於最後的總結性的創作中，未能將《肖像》、《羅馬》中直覺的觀念與《維》和《鼻子》、《外套》等篇中的實驗熔為一爐。而這自然不過是現時代的一種推測而已。果戈理不是 20 世紀具有美學自衛能力的作家。要知道，他的史詩的出發點也遠遠不是「總結性」的，並不是自覺意義上的一個文化的終結，而是仍然不時閃現出蓬勃朝氣的遠方的漫遊，是某種程度上易於迷失的自然活力，是一個擴散性的觀念的作用力。

---

[16] 萊斯莉・米爾恩：《布爾加科夫評傳》，杜文娟、李越峰譯，華夏出版社 2001 年，第 79 頁。

[17] 轉引自《大師和馬格麗達》，王振忠譯，中央民族大學出版社 1996 年，《譯序》第 8 頁。

[18] 高爾基：《俄國文學史》，繆靈珠譯，上海文藝出版社 1961 年，第 212 頁。

　　或許，這是俄國小說史上絕無僅有的現象。布爾加科夫承襲《死魂靈》的樣式並加以提煉，他解決了這個範疇內果戈理沒有解決的問題。《大師和瑪格麗特》的創作反過來可以加深我們的認識，例如，果戈理發明的長篇連鎖喜劇，本質上是反小說的，因其詩與戲劇的高度，它持續傳遞的高潮包含著後繼階段的一個大空虛。這一點果戈理用「抒情插筆」來彌補。《死魂靈》第一部末尾的插筆，其抒情的才氣和力度，也足可彌補了。然而，詩的激越、聲音與火焰，其後繼階段的沉寂在敘事文學中找不到形式上真正的替代品。這是富有挑戰性的一個命題。而且必須意識到，這個形式的空虛中本身是沒有再生的力量了；它的故事和龐大的人物群也難有正常意義上的結尾。這就是為什麼布爾加科夫要在類似的長篇諷刺劇之外去重新確立小說的主角，他保留這個形式，同時另起爐灶。在「有關基督和魔鬼的小說」修改的過程中添加一個主角的故事，使得原有的形式嫁接於一個破碎的悲劇，而這個悲劇的主人公的出現並沒有改變莫斯科故事作為諷刺劇的形制，卻在整體上改變了這部小說的敘述方向，甚至在作者無比精妙的構想中將小說的支點進一步抽空，將其納入魔法的境域。……離開文學史所能提供的背景，或許我們很難理解這些謎一般的步驟，或許很難聽見兩個文本之間對話的潛臺詞，也很難去捕捉這些命題對於小說的意義。

此文原載於《外國文學評論》2005 年春季號

《聖殿》譯名及題解

一

　　《聖殿》（*Sanctuary*）這個標題的譯名，是在小說尚未譯成中文之前就已經確定下來了。以 1980 年出版的《福克納評論集》為例，這是國內第一次較有規模地譯介歐美文壇有關福克納的研究和評論，書中凡是涉及到這部小說，不同譯者都將書名譯作《聖殿》。陶潔先生於 1997 年出版該小說的中譯本，也是採用了這個通行的譯法。一般說來，這個譯名並不存在特別需要加以質疑的地方，英文的 sanctuary 本身就是一個多義詞，而中文「聖殿」又為該詞的第一義。這裏將它作為一個問題提出來討論，是有鑒於小說複雜的創作內涵所引起的各種詮釋，使我們感到有必要將它也納入到討論之中。其實，李文俊先生在他編選的《福克納評論集》中已經涉及這個問題，而且他的做法比較耐人尋味。在由他翻譯的第 39 頁和第 278 頁的文章裏他都採用《聖殿》這個譯名，而在由他編輯的「參考書目」「福克納主要作品」一欄中又將 *Sanctuary* 譯為《避難所》，似乎有意為讀者留下一個參考意見[1]。

---

[1]　李文俊編選：《福克納評論集》。北京：中國社會科學出版社 1980 年，第 283 頁。

同一個書名的兩種不同譯法，帶來漢語理解上的差異，這原本是一個見仁見智的問題；但是如果我們將這種差異進一步看作是對主題的理解所持有的分歧，那麼這裏的翻譯倒是給我們提供了細微鑒別所需的一種提示。

聯繫小說的內容來看，標題 *sanctuary* 譯作「聖殿」頗不易解，譯作「避難所」則有助於主題的限定與釋義。福克納這部情調複雜的小說，究竟在何種意義上需要用到「聖殿」這個詞，單從小說所提供的線索來看，是不大容易確定的。這個講述匪徒用玉米棒子強姦少女的所謂「暴力」「恐怖故事」，冠之以「聖殿」的譯名，除了泛泛的一層反諷色彩之外，似乎還缺乏有意義的關聯。小說既未涉及宗教的諷喻，也未在構思上明顯地指涉聖經中可能有的典故，就像作者在《喧嘩與騷動》、《押沙龍！押沙龍》等作品中通常喜歡做的那樣，更沒有在宗教之中求得庇護的情節暗示。因此作為全篇的標題，中文「聖殿」這個帶有宗教暗示的語彙，它所提示的意義似乎無論從哪個方面講都是較難確定的。這是標題的翻譯需要討論的一個方面。

《聖殿》（1931）是繼《喧嘩與騷動》（1929）、《我彌留之際》（1930）之後出版的作品，儘管作者對這部小說頗有微辭，最終出版的「修改稿」在時間與象徵觀念的深層表現上延續前兩部作品的探索，這一點卻是可以肯定的。而且這一點顯然需要加以總結。可以說，《聖殿》是在象徵的意義上表現了作家這個時期的創作中有關「避難所」的主題；這是一個打著深刻烙印的「福克納式的主題」，它包含性的苦難和精神異化，同時也滲透著死亡和美的淨化力量。在嗣後出版的《八月之光》（1932）中，這個主題又得到了表達和延續。

　　本文擷取小說的三個方面對此略加闡述，一是霍拉斯・班鮑的亂倫慾望；二是金魚眼的臨終受刑；三是小說結尾有關譚波兒在盧森堡公園的那段補白。三個方面的故事彙集到結尾的部份，在主題和基調的處理上體現出一種內在同化的傾向，這也使我們最終能夠對標題的寓意獲得一種比較明確的認識。

二

　　霍拉斯・班鮑亂倫的慾望，讀者將它與《喧嘩與騷動》有關的內容聯繫起來，通常是在一個反常的性意識層面上找到它們的共同點。霍拉斯、昆丁對妹妹的眷戀提供了可資比較的證據，兩者在表現的模式上一脈相承。然而，所得到的誤讀也是一脈相承。讀者對於亂倫情結的佛洛伊德式的渲染，甚至延及《我彌留之際》的達爾和妹妹身上。[2] 大概福克納本人已經意識到這種對變態性關係的窺視在一定程度上會削弱主題的表現力，於是在《喧嘩與騷動》的「附錄」中他對昆丁和妹妹的關係做了一番解釋：「他倒不是愛他妹妹的肉體，而是愛康普生家的榮譽觀念，這種榮譽，如今卻決定於他妹妹那脆弱的、朝不保夕的貞操，其岌岌可危的程度，不下於一隻置放在受過訓練的海豹鼻子頂端的地球儀。他也不喜歡亂倫，當然也不會這樣做，……他最愛的還是死亡，他只愛死亡，一面愛，一面在期待死亡。」[3]

---

[2]　可參看李文俊編選《福克納評論集》，陶潔《聖殿》「代序」，大衛・明特《福克納傳》以及潘小松編著的《福克納》（長春出版社 1995 年）等相關論述。

[3]　福克納：《喧嘩與騷動》，李文俊譯。上海：上海譯文出版社 1996 年，第

　　顯然，這裏所謂的亂倫慾望並非是一種求得肉慾的反常刺激的意向，毋寧說，它只是一種想像中的反常手段，為了扼制現實的某種必然性；在昆丁對現實必然性的預感中，妹妹的肉體是充當與現實合謀的「污穢的工具」。甚至死亡也不是他最終所要求得的目標，死亡和亂倫的慾望一樣都是逃避生活的手段；他的目標是返回到子宮，回到那初始的「白璧無瑕」的狀態之中，求得淨化與庇護。昆丁代表福克納筆下獨有的人物類型，也即是加西亞·馬爾克斯所說的「那種固執得喪失理智的男孩子」[4]。通過這類角色的塑造，福克納給小說創作提供了極為有趣的嘗試，即從那種極端意義上逃避生活的人，從其逆向、死亡、無能的精神狀態中為小說的敘述建立視角。

　　《聖殿》的主角霍拉斯便是此類嘗試的一個產物。這個人物的周圍還可以聚集更多的同類，除了昆丁、達爾、加文·斯蒂文斯，還有《軍餉》中的唐納德·馬洪，《八月之光》的蓋爾·海托華等等。這類人物共同的趨向是在早年生活的創傷中定格，表現為「心理、生理的萎縮」，從自身的傷殘和現實的苦難之中逃逸出來。通過這個類型的人物，福克納也將自己喜愛的歐洲後期浪漫主義和頹廢派詩歌的觀念引入到小說之中。人物的自殺或者遁世，不僅僅是逃避生活的寫照，它也成為藝術否定現實的一種表徵。因此，心理與象徵的雙重特性總是貫穿於人物精神狀態的描繪。霍拉斯·班鮑是一名律師，在小說中他卻擁有詩人、藝術家

（接上頁）348 頁。

[4]　加西亞·馬爾克斯：《兩百年的孤獨》，朱景冬等譯。昆明：雲南人民出版社 1997 年，第 339 頁。

追求淨化的精神動力。實際上，我們還可以從譚波兒對法國人宅院的極度荒涼的觀感，從孟菲斯妓院的窗簾和鐘錶刻面的精細描繪中，見證作家那種幾乎是露骨的主觀詩情的介入。以小說第 190 頁的描寫為例，由語言所構成的「這個時刻的思想」是屬於作家本人還是應該屬於霍拉斯這個特定的角色所擁有，這種區分是並不重要的，因為作者也同樣將「這個時刻的思想」賦予了妓院裏的譚波兒。心理與象徵的兩個層面通常是由「這個時刻」的存在得以綜合，甚至可以不顧情理地表現為「詩的破格」（poetic license），這是福克納的創作中非常重要的特質。如果捨棄了語言的象徵性對於精神存在那種深刻而富於靈感的暗示，那麼人物在現實層面上的心理和肉體的萎縮便不足以闡明敘事的主題，就像作者在霍拉斯·班鮑的故事中所嘗試的那樣。

霍拉斯這個角色不同於男孩昆丁，他是入世而疲憊的中年人，打了一場失敗的義務官司。小說第 190 頁描寫他凝視繼女小蓓兒的照片，這個細節與其說是在證明他有亂倫的慾望，還不如說是在自我悲觀的意義上表達了他對性的微妙而複雜的恐懼。從大學生粗俗的活力，譚波兒對強姦案的神經質的描述中，他深化了自己的悲觀主義論調，意識到整個世界都是「性的罪孽」的一面鏡子。這種感受與昆丁「近乎摩尼教徒式的對一切物質和肉慾的反感」[5]倒是一致的。從詩學的角度講，它們與作家本人對濟慈的「希臘花瓶」的闡述以及他早期形成的「語言觀」[6]也是十

---

[5] 大衛·明特：《福克納傳》，顧連理譯。上海：東方出版中心 1996 年，第 112-113 頁。

[6] 大衛·明特《福克納傳》第 24 頁概述福克納的「語言觀」：「在他讀的詩歌

分契合；正因為主人公的性無能在語言淨化的層面上還存在著一個精緻的替換關係，所以我們不能從實在的角度來看待這個性慾的問題。如果說霍拉斯·班鮑的死亡是意味著他要從現實和情慾的痛苦中退縮，逐漸成為又一個遁世的典型，那麼作者是從美與象徵的角度賦予這個人物的無能和失敗以深刻的意義。因此我們看到，死亡的超越現實的力量對於精神的脆弱性具有庇護的價值，這在後期浪漫主義和頹廢派的詩歌中是一個主導性的觀念，在這部小說中它也成了題目《避難所》（Sanctuary）所要暗示的那個主題。

三

福克納是從象徵的角度而不僅僅是從現實的角度來處理他的故事，這一點在金魚眼這個人物身上表現得尤為耐人尋味。金魚眼原本是一個類型化的人物，底層黑社會的暴力化身，作者在塑造這個角色時沒有加入心理的描寫。中譯者的「代序」中說：「很多人對福克納在《聖殿》結尾處又回到對金魚眼的描寫不以為然，認為這是一種敗筆。其實，這一章交待了金魚眼的身世，使我們

（接上頁）中，尤其是斯溫伯恩的詩作，他發現了托·斯·艾略特曾經發現的：一個立足於文字、許人以純潔、聖潔和拯救的世界，正是因為詩歌給人以刺激，全賴寫下的文字，而不是通過文字所喚起的客體。」另外根據此書第 45、52、80、81 頁的引文，死亡作為避難所的象徵意義也可見之於福克納本人對濟慈的「希臘花瓶」以及對赫格希默的小說《林達·康登》的論述。

知道他不僅從小被父親遺棄而且深受其性病之害，他的童年無幸
福可言，照顧他的外祖母有精神病，一心縱火，幾乎把他燒死；他
母親先被丈夫遺棄，又為母親和兒子擔驚受怕，神經也變得不太
正常。在這種畸形環境下，金魚眼勢必成為一個心理變態、性格
扭曲的人。」[7]換句話說，作者從環境和病理的角度為我們勾勒金
魚眼的成長歷程，交待這個人物的性無能與冷酷行為的根據。這就
如同是將一個類型化的暴力角色轉變為有心理根據的現實主義的
悲劇人物。無怪乎人們要將這個章節與德萊塞的《美國的悲劇》做
比較，認為在揭示美國的土生子如何走上犯罪道路這個問題上，兩
部小說的宗旨是相通的：罪犯首先是環境的犧牲品，他內心的邪惡
無疑是帶有深刻的社會根源。[8]

　　如果局限於這一點，那麼小說對金魚眼的身世所做的回顧與插
敘也就無可爭議。實際上，應該引起爭議的是人物在獄中的臨終表
現：金魚眼冷靜地接受絞刑，懷著超脫的姿態等死，這與他此前的
行為形成了太過尖銳的對比。這個描寫確實很重要，在以往的研究
中似乎還缺少挖掘。金魚眼用他仔細擺放在牆根的香煙頭做記號，
臨死還不忘讓人捋平頭髮，這些細節精確地表現人物的意識及其
對精神異化的反應，倒是在說明作者所追隨的那種思想方式與德
萊塞的方式其實並不相同。

　　金魚眼所代表的是「被剝奪了人類繼承權的可憐人，他們槍殺
別人，是因為那是他們得以恢復他們的尊嚴、恢復他們有所希望的

[7]　福克納：《聖殿》，陶潔譯。上海：上海譯文出版社 1997 年，《代序》第
　　18-19 頁。
[8]　同上第 19 頁。

權利的唯一方法。主人公的性無能顯然是象徵性的」；他對待受刑的冷漠態度表明了精神的極端貧困，「表示他在內心對於貧窮和基本上一無所有的厭棄」[9]。從這個邏輯出發我們就不難理解，在人物已經被揭示出來的生活歷程中，死亡作為避難所的意義何以要在他臨終的描寫中得到暗示和強調。

福克納既不同於德萊塞，也不同於斯坦貝克。同樣是作為小說的社會批評，斯坦貝克的《憤怒的葡萄》是要「強調不公道和物質貧困」，而福克納追隨另一種思想方式，「把重點放在異化和精神貧困上」，專注於存在狀況的評價。現實意義上的金魚眼本該是那種平凡得多的匪徒，但作者顯然是從象徵的角度給這個人物的臨終表現注入一種思想的傾向性；人物對於自身存在的主動厭棄，使得他的受刑更多的不是作為罪有應得的懲罰，而是作為令人憐憫的無意義的生活結局來表現的。針對一個精明強幹的黑幫暴徒，這種處理的方式在多大程度上能夠符合真實的原則，這一點似乎不是作者所要考慮的。我們從這個帶有存在論意味的描寫中可以看出，福克納的現實主義所需要的不僅僅是「事實的貧困」，他還需要能夠反映靈魂遭到貶值的「逼真的圖畫」。小說以一個底層社會的取景將金魚眼的身世插入到故事的敘述之中，部份的也是為這個死亡的樂章找到廣延的邏輯和襯托，使其具有一種輓歌的寬闊的調子。

小說最後也是採用主觀的象徵基調來描寫譚波兒的故事。「根據考證，福克納很可能在 1925 年就開始構思這部小說。當時，他

---

[9] 引文均出自於切斯瓦夫・米沃什〈論檢查制度〉一文中對美國影片《邦尼和克萊德》的評論，下文有關福克納與斯坦貝克思想方式的差異性比較也是化用了米沃什相關的闡述，詳見米沃什《拆散的筆記簿》，綠原譯，灕江出版社 1989 年，第 187 頁。

在巴黎常去盧森堡公園。在一封家信裏提到『剛寫了一篇美麗極了的……關於盧森堡公園和死亡的兩千字的東西。故事情節有了點小線索，描寫一個年輕女人。』這跟《聖殿》以譚波兒與父親遊玩盧森堡公園為結尾有點不謀而合。」[10]這個考證的意義在於，它使我們的注意力從結尾轉移到對全篇創作初衷的理解；從「盧森堡公園和死亡」這個象徵的主題去考察作者對於佈局和基調的處理。

　　有關譚波兒這個人物各種不同的評論，在小說的中譯者「代序」中有較為詳細的介紹，這裏不再贅述。總的說來，讀者傾向於認為這個角色是代表著作者對於女性的過於刻薄的態度，因此，《聖殿》也可以說是福克納最為憤世嫉俗的一部小說。拋開這些評價不談，我們從另一個角度提出問題，那就是小說結尾處為何要添加那段補白？它肯定不是對人物去向的一個交待，事實上，法庭作偽證那一章節中作者已經清楚地交待了譚波兒的去向，她在父兄的保護下最終回到了自己所屬的階層。因此把盧森堡公園的補白當作一種交待是多餘的，而且也找不到更多的實質性資訊。小說添加這個補白，首先只能是從它的總體效果中去考慮。在對金魚眼臨終回顧的章節有過一番分析之後，我們尤其能夠注意到，這個異國場景的插曲與金魚眼受刑的章節互相並置起來，兩者都具有輓歌的調子，至少能夠使結尾的敘述取得一種康拉德・艾肯所說的「合唱的效果」[11]。

---

[10] 福克納：《聖殿》，陶潔譯，上海：上海譯文出版社 1997 年，《代序》第 6 頁。

[11] 李文俊編選：《福克納評論集》。北京：中國社會科學出版社 1980 年，第 76 頁。

　　小說中段的第 25 章已經採用了同樣的手法，說明作者在情調和佈局的考慮中是傾向於主觀的處理方式。為歹徒雷德守靈的酒吧鬧劇之後是巴德大叔喝醉了酒的那幕室內諷刺劇，它們在漫畫式的敘述之中串聯起來，構成一個戲謔的章節。[12]而由金魚眼和譚波兒構成的尾聲部，則是從罪犯和受害人的兩個方面連續加入對於死亡的沉思。我們看到，這些頗具福克納特色的精心組合的畫面中，一個是「兩面的漫畫式的敘述」，一個是兩面的輓歌式的敘述；其敘述的「合唱的效果」或許會人為地改變生活「真實的氣氛」，但是非常重要的一點是，這種處理方式有助於主題氛圍的內在同化。

　　因為從其最終完成的意義上講，福克納這部自認為是低俗的小說是不能單用離奇的強姦案來概述的，它並沒有依靠情節的刺激來說話；它觀察的豐富，視點的變換，情調的複雜，也使得這個細節的含義極為開放的文本必須在主題的導向上有所限定。作者恐怕也不能不意識到這一點。

　　盧森堡公園的補白與金魚眼的臨終描寫一樣，都是在象徵意義上為我們揭示死亡作為避難所的主題。尾聲段的描寫又將女性肉體的姿態定格在死亡與祭奠的沉思之中，譚波兒的「雙眼彷彿追隨者樂波，溶入逐漸消失的銅管樂聲，越過水池和水池對面呈半環形的樹木──在那兒陰暗的樹蔭下，每隔一定的距離便有一尊死去的王后的污跡斑斑的大理石雕像寧靜地佇立著，正在沉思默想──升入在雨水和死亡季節的懷抱裏平臥著的、被征服了的天空。」[13]我們看到，霍拉斯‧班鮑的遁世、金魚眼對自身存在

---

[12]　同上。

[13]　福克納：《聖殿》，陶潔譯，上海：上海譯文出版社 1997 年，第 273 頁。

的厭棄以及盧森堡公園憂鬱的祭奠，三個人物的主題最終是在死亡的象徵性中獲得內在同化的傾向。因此從 Sanctuary 作為「避難所」的寓意來看，這也反映了作者對於主題、基調和佈局的限定是有過一番通盤的考慮。

此文原載於《外國文學研究》2006 年第 8 期

笑與文學：《城堡》兩則附錄

　　卡夫卡寫作的滑稽性質，在馬克斯‧勃羅德為《城堡》撰寫的出版說明中並未作任何強調；那篇寫於 1926 年的〈第一版後記〉，如作者所言，旨在正本清源，涉及對卡夫卡「獨創性藝術」的「不得不要解釋」的解釋，卻沒有解釋這種藝術的一個重要組成，即笑與滑稽的問題，不管怎麼說，這都是美中不足的一點。米蘭‧昆德拉的幾部論著都在談論這個問題，要把「卡夫卡學」從社會學與宗教闡釋的羅網之中解救下來，矛頭直指始作俑者馬克斯‧勃羅德，語氣也幾乎等同於審判。[1]倘以《城堡》的寫作為例，讀者大概多少會贊同 J. M.庫切的一個類似評論：「要不是卡夫卡把滑稽人物和邪惡人物的界限徹底弄得那麼複雜含混的話，你也可以說《城堡》不是一部宗教小說，而是一部搞笑小說。」[2]作為《城堡》編輯和第一讀者，馬克斯‧勃羅德不可能對此一無所知。畢竟，卡夫卡朗誦《訴訟》的開篇，朋友們開懷大笑，他也是這些朋友中的一員。他在評述文章中為何沒有論及這一點，其原因不得而知。也許，是出於他本人的猶太複國主義的樂觀立場，他要闡釋的是小說至關重要的宗教啟示意義，而暫時沒有心思顧及其他。也許在他看來，笑與滑稽的問題在小說情節主線和整體象徵的構築之中，並不佔據獨

---

[1]　米蘭‧昆德拉：《被背叛的遺囑》，孟湄譯，上海人民出版社，1995 年，第 33-42 頁。
[2]　J. M.庫切：《翻譯卡夫卡》，蕭萍譯，《世界文學》2004 年第 2 期，第 110 頁。

立的地位。如果說《城堡》是一個含義深邃的詩性寓言，實質也是包羅作者本人的精神生活的秘密，照馬克斯・勃羅德所闡釋的，那麼他在文章中暫時將喜劇的手段及表現擱置起來不予考慮，這麼做也沒有什麼不對。實際上，他的文章也曾提到小說含有「神奇的幽默」和「諷刺意味」，認為它「具有十分細膩的悲喜劇色彩」，只是沒有對喜劇性特點做提煉的的分析，而是將論題引向「塵世活動和宗教活動的不可通約性」，將其理解為溝通「人和神之間的歪斜不平的關係」的反映，[3]從而得出一個複雜而又過分保守的的結論，讓人不免懷疑幽默的格調在這部小說中是否真有存在的必要。

從小說文本的閱讀來看，笑與滑稽的因素非常引人注目，而且顯然是作者重點要考慮的問題，這從《城堡》的正文與附錄材料的對比之中，也可以有所說明。

首先來看第一個附錄，題為〈小說開頭的異文〉那一段。這個開頭的異文已經比較完整，中譯有三頁篇幅，出於某些原因作者將它捨棄了。其原因也許可以在比較中做某種程度的推測。比如說，〈小說開頭的異文〉寫得像是《八開本筆記》裏的片段，在室內縱深推進的透視之中完成一個風格精美的場景描寫，使之滲透滑稽的效果和夢魘氣氛，而片段描寫的內在動機似乎無須延展，它已憩息在自身的陰影之中。這種處理是卡夫卡獨有的，如果他是把催眠的目光交給自己而不是交給篇中人物 K.，他便能一如既往地寫出完美而單獨的小片段。光從這個方面看，正文和異文在處理上的差異實質並沒有那麼大，卡夫卡不可能像福樓拜或托爾斯泰那樣來處理

3　葉廷芳主編：《卡夫卡全集》（第 4 卷），趙蓉恒譯，河北教育出版社，1996年，第 414-415 頁。

第三人稱的敘事，從而捨棄他那種魔術般的視覺，但是差異還是可以看得出來，經過了修改重寫的正文開頭，K.站在獨木橋上凝望積雪覆蓋的村落，作者已經讓人物更多地分擔他的視角。旅程最後一個環節的過渡變得清晰，而人物凝視的目光與城堡之間的明視距離也浮現出來。從空曠的外延進入村莊，K.在小說第一個章節中彷彿經歷了許多事情。如果將正文的第一章與異文的那個長段落相提並論的話，效果上的差異還是很明顯。正文的開頭大概接近於小說常規的時間敘述，但是異文的開頭完全不是。也可以說，正文的處理要耐心得多，經驗層次也更豐富，比較有利於長篇敘事的展開，不像異文的段落那樣，以一種單純的舞台劇的方式，在三個人物之間造成滑稽感的焦點釋放。

K.在酒店的「特等房間」裏踱來踱去，突然向酒店老闆和女僕發難，指責他們背著他說悄悄話，他便打開窗子大喊大叫，弄得老闆和女僕都非常驚恐。K.將憤怒和不滿發洩出來，是因為他想要知道，「是誰預先通知說我要來的？」他宣佈自己在執行一項艱巨的使命，他是一個厲害角色，絕不允許自己初來乍到就挨上一記悶棍。在和女僕的一番交談之後，他不容分辯地一口咬定是城堡裏的人在背後指使，於是站起來大聲咒罵，表示自己絕不會輕易離開，說完他搖搖晃晃地一頭撲倒在床上，女僕端來水盆跪著給他洗臉，聽見K.吃力地說道：「你們為什麼要折磨我？……」[4]

令人發笑的精彩開場，表明作者是在寫一部滑稽小說。這個被刪去的開頭，也可以說，是風格上更為提煉的一個喜劇性場景

---

[4] 葉廷芳主編：《卡夫卡全集》（第 4 卷），趙蓉恒譯，河北教育出版社，1996 年，第 351-353 頁。

的描寫。它包含正文中後來出現的幾種因素，因此可以視為《城堡》寫作的一個提示。例如，K.的出現，他與村莊和城堡之間難以解釋的緊張關係；K.的性格，他並非受虐狂的可憐蟲，而是強硬而厲害的角色；K.的好色，他喜歡動輒捏住陌生姑娘的手，從不征得他人同意；人物那種不合時宜的冗長辯解，往往是以哲學評注的方式展開；還有睡眠的因素，人物從清醒狀態突然滑入睡眠的奇怪方式，等等，在《城堡》不同章節中這些因素得到強調和表現。

重寫後的正文開頭，K.也是入住村莊酒店，但是環境更嘈雜，氣氛也更古怪。他睡在大堂一隻裝稻草的口袋上，頭頂上方是一架電話機，周圍是喝啤酒的莊稼漢。J. M.庫切在《翻譯卡夫卡》一文中指出，愛德溫·莫爾夫婦的英譯本許多細節處理不當，例如 strohsack 這個詞並非像他們譯的那樣是一袋乾草料，而是一床草薦，一張草編床墊，而 telephonieren（打電話）是表示城堡古怪的電話系統和通話規則，所以說，不應該將「斷開聽筒上的響鈴裝置」譯成「放下了聽筒」，也不應將「重新接上聽筒上的響鈴裝置」譯成「拿起了聽筒」。[5] 類似的細節，在小說環境的營造當中確實起到某種解釋性作用。城堡的官僚結構被描繪成一個神秘、抽象而且不乏滑稽色彩的組織系統，它具有某種超驗的性質。進入城堡的地界，也即意味著進入陌生的規則系統，進入一個具有超驗意味的世界。K.用嘲諷的眼光留意到「城堡的設備齊全」，但他這種評判環境的舒服姿態維持不了多久，很快發現連熟悉的睡眠也要被剝奪。這位城堡轄地裏的流浪漢，在一個幾乎是夢魘

5　J. M.庫切：《翻譯卡夫卡》，蕭萍譯，《世界文學》2004 年第 2 期，第 106 頁。

的環境裏跌跌撞撞地摸索，無法擺脫那種控制他的神秘力量。可怕的似乎不僅僅在於城堡的高高在上，還在於任何抽象與實在之間的界線總是那麼模糊。如果這裏我們只是談論卡夫卡藝術「越過了不逼真的邊界」，將小說的想像「引向了逼真的邊界之外」，[6] 不去注意到小說中抽象與實在之間那條界線所形成的喜劇感的混淆，恐怕還是不夠的。而我們知道，在果戈理的小說中，超驗因素也同樣滲入人物半是喜劇性的歷險，使得滑稽和恐怖之間的界線變得非常之含混。米蘭‧昆德拉在《帷幕》中著重指出福樓拜的精神對於卡夫卡創作的影響，[7] 但是從喜劇性樣式的處理來看，果戈理和陀思妥耶夫斯基的同類創作才更應該拿來做適度的比較。不管馬克斯‧勃羅德對手稿的增刪和章節的劃分是否符合原貌，《城堡》一氣呵成的寫作，它未完成的二十個章節，寫的就是 K. 的一部歷險的喜劇。

其次，我們來看附錄之二〈斷片〉的第一節。馬克斯‧勃羅德在〈第二版後記〉中附加了說明：「被我們稱為〈斷片〉的、附錄中的最後那部份文字是對主要章節裏的一個情節的釋義，由於偏離正文所以刊印在這裏。」[8] 最後那一節文字跟這裏要談到的第一節的性質是相同的，都可以看做是對正文相關情節的釋義。〈斷片〉第一節針對的內容是小說第十八章中 K. 與比爾格會面的故事。在卡夫卡的設想中，這個故事應該要寫得非常滑稽，而且需要細緻的描寫才能表達這種效果。

6　米蘭‧昆德拉：《帷幕》，董強譯，上海譯文出版社，2006 年，第 93-94 頁。
7　同上第 92-94 頁。
8　葉廷芳主編：《卡夫卡全集》（第 4 卷），趙蓉恒譯，河北教育出版社，1996 年，第 417 頁。

K.去貴賓樓原是要找埃爾朗格，但他不知道後者住哪個房間，結果找錯了地方，闖入秘書比爾格的臥房。房間裏只有一張床，沒有桌子和椅子。K.只好在主人的床上坐下來，聽比爾格就秘書工作的性質及睡眠問題進行滔滔不絕的演講。睡眠是這個故事的主題。連續幾個晚上沒睡覺的 K.開始打瞌睡，坐著做了個夢，夢見自己將一個赤身裸體樣子像古希臘神祇雕像的秘書打敗，醒來後發現，夢中的秘書就是眼下還在長篇大論演講的比爾格。疲憊至極的 K.為了支撐坐姿，伸出右手捏住比爾格從被子底下翹起的一隻腳，後者儘管不高興，但仍聽之任之，讓 K.捏著腳不予理會。這時牆壁上傳來重重敲擊聲，是埃爾朗格催促 K.趕緊過去等候召見。[9]

K.用手捏住比爾格一隻翹起的腳，這個細節很有趣。整個會面的經過也很有趣，主人抱怨睡眠被打擾，其實興致勃勃地躺在被窩裏進行演說，而客人睡意昏沉，只好在床沿擠出小小一角，坐著打瞌睡，而且還做夢。如果他想到自己要找的人是埃爾朗格而不是比爾格，這個痛苦的場面就更顯得滑稽了。我們用幾句話轉述的故事，小說用了（中譯）十八頁篇幅來描寫，差不多就是第十八章整個章節的內容，這一點能夠反映《城堡》寫作的某種特色，它的每個章節都像是一幕插曲，其實沒有主幹的情節，就像果戈理長篇小說的模式，每一章構成單獨的情景劇內容，並且不斷地往下延伸，好像不會有構成終結的結尾，所以從果戈理的模式來考察《城堡》的寫作，也就是從喜劇性的重複推進的角度來看的話，小說沒有寫完也是正常的。也許馬克斯·勃羅德對章節的劃分並沒有從這個角

---

9 葉廷芳主編：《卡夫卡全集》（第 4 卷），趙蓉恒譯，河北教育出版社，1996年，第 283-300 頁。

度來考慮，但他的劃分基本上符合小說的這個特點，恐怕未必完全像 J. M.庫切所指責的那樣是破壞了原作的節奏。[10]

此外，第十八章關於比爾格的故事能夠反映小說的格調，可以將其視為卡夫卡小說的喜劇風格的一個縮影。睡眠的主題，疲憊和迷失，走錯地方而且總是節外生枝，還有魔幻的因素（埃爾朗格突然不耐煩地發出信號），最關鍵的是 K.其實對本地的情況完全不熟悉，雖然他的性格強硬，積極進取，但好像不太能夠理清頭緒，等等，這些在作者看來都是滑稽的材料。將睡眠的問題單獨處理成喜劇主題，這大概是卡夫卡的獨特發明。在 K.與比爾格會面的故事中，睡眠的主題就是作者以發明家的某種樂趣在著力加以刻畫的。

附錄〈斷片〉第一節中，作者對比爾格的故事做了一番較為充分的釋義，從中不難看到他的創作意圖和背後的設想。作者指出，K.同比爾格見面的經過將是一個「滑稽可笑」故事，甚至是「太滑稽了」，而通常的轉述難以表現這一點，必須原原本本地敘述出來。「真正滑稽可笑的，當然恰恰是描述得非常細緻的地方……如果我轉述得很成功的話──這一點是前提。因為這個故事弄不好聽起來也會味同嚼蠟，它也還包含著這個因素。不過讓我們來大膽試一試吧。」[11]

從這裏的提示可以看到，卡夫卡對他要做的事情其實非常清楚，K.與比爾格會面的故事能否寫得滑稽，關鍵在於描寫的細緻程

---

[10] J. M.庫切：《翻譯卡夫卡》，蕭萍譯，《世界文學》2004 年第 2 期，第 105 頁，第 111 頁。

[11] 葉廷芳主編：《卡夫卡全集》（第 4 卷），趙蓉恒譯，河北教育出版社，1996 年，第 357 頁。

度，而在他的設想當中，這個故事的描寫在相當程度上是「味同嚼蠟」的，而所謂的「滑稽可笑」本身也包含著這個因素。

可以說，這段引文的出現是解開《城堡》喜劇性風格的一把鑰匙。作者並沒有把敘述的乏味感視為滑稽效果的對立面，或者說是喜劇性的敘述中必須加以驅除的東西，而是試圖將幽默的界限朝著乏味的描寫開放，這個開放的程度既包含失敗的可能，也包含喜劇性的難以消釋的意蘊。乏味將是幽默的組成部份，也是對喜劇寫得太像喜劇的一種機智否定。在這一點上，卡夫卡跟果戈理、狄更斯等人的考慮不太一樣，也跟後來向他學習的加西亞‧馬爾克斯、米蘭‧昆德拉、薩爾曼‧拉什迪等人的趣味不一樣。這個設想不是在《城堡》的寫作中才提出來，其實在《變形記》等篇的創作中已經這樣做了。如果我們將《變形記》與加西亞‧馬爾克斯的《巨翅老人》做個比較，會感覺到後者的誇張比較流於新聞化，異物與常態之間的交換是無作為的；那種變形的大膽似乎還不是在原創性的厚實牆壁上衝撞出來，缺乏一種較為深沉的張力。這裏的問題是，如果卡夫卡像他在《斷片》第一節中所透露的那樣，試圖做一名成功的滑稽作家，何以在《城堡》的大量評析文章中，這個特點並沒有被當作主要論題來加以分析？也就是說，何以《城堡》通常被看做是哲理寓言小說而非幽默小說？

在這個問題上，指責馬克斯‧勃羅德要為他的誤導負責只是問題比較次要的一個方面。米蘭‧昆德拉和 J. M.庫切都認為，馬克斯‧勃羅德對卡夫卡的藝術其實並不理解，而愛德溫‧莫爾夫婦權威的英譯本的錯誤（包括刪改），與他的《第一版後記》中的誤導密切相關，這種誤導也在很長一段時間裏控制了英語和德語讀書界

對卡夫卡的詮釋。[12]但是說到底，這種興趣和詮釋是否能夠被馬克斯·勃羅德的誤導長期控制，也是一個大可爭議的問題。撇開其他因素不談，編者在 1935 年第二版中即已將附錄的這些片段刊佈，讀者從刪去的異文和斷片中也不難看到作者較為露骨的提示，要說馬克斯·勃羅德是在曲意誤導，壟斷作品的解釋權，恐怕也是說不過去的。

《城堡》的多維度的內涵，它的看似無限地趨於內縮的神秘性，容易導向於形而上的詮釋，這一點是無須否認的。馬克斯·勃羅德斷言：「這部作品與歌德的『誰不停地努力奮鬥，我們便可以解救他』的格言是相似的（其相似程度極其微小，似乎諷刺性地減少到最低限度），——所以也許可以稱之為弗蘭茨·卡夫卡的浮士德詩劇的這部作品本來正是想以此告終的。」[13]這個詮釋的括弧部份已經說明其立論幾近於勉強，恐怕連自己都意識到不大能站得住腳。然而，卡夫卡對城堡的官僚司法系統的表現是如此深刻獨特，不僅給現代社會學的讀解，似乎也為猶太教神秘哲學的讀解留下餘地，城堡作為「神恩」的符號及表現形式，還有 K. 本人的使命及其使命的孤獨負荷，他與城堡之間若即若離的聯繫，他申請居留的絕望意願，等等，也都具有哲學寓言式的暗示。問題是，對自由和奴役的理解本身是一個哲學的命題，又何以能夠成為喜劇的底料和幽默範疇的東西？

---

12 J. M.庫切：《翻譯卡夫卡》，蕭萍譯，《世界文學》2004 年第 2 期，第 109-110 頁。

13 葉廷芳主編：《卡夫卡全集》（第 4 卷），趙蓉恒譯，河北教育出版社，1996 年，第 409 頁。

或許可以這樣說，對自由和奴役的理解在《城堡》的現實中是一種同等分量的參與，因此現實是作為雙重性的原真形態而存在；K.執著地攀附於法律檔編織起來的蜘蛛網似的無效歷史，同時也以唐突匆忙的方式逃離構成這種歷史的分分秒秒的當下現實；他與弗麗達做愛的那個段落便是此類悲喜劇的典型描繪；這種雙重性的理解，也導致其中的滑稽搞笑和嚴肅思考彼此滲透，使之變得過於含混細膩，某種程度上也抑制了喜劇的輕快表演的性質。正如比爾格躺在被窩裏的長篇演說，我們僅僅從傳統喜劇的橋段來理解，無論如何是沉悶冗長的，難以使人輕鬆發笑的，但絕對不是軟弱無力的。如果在作者深刻的設想中，他要防止的是對喜劇性特點做過於純化的提煉，就像我們的轉述和他自己在《斷片》中的轉述所做的那樣，那麼他必定也要嘗試在某種程度上弱化與現實的聯繫，以便能夠更為充分地分析和描寫這種聯繫，描寫這種經過滯留而有待分解的現實性，換言之，是在現實的（也是預製的）終極形態的框架中去敘述他的故事，而這種做法只能被理解為是喜劇的，不可能是別的東西。任何喜劇的本質都是對於現實的垂死狀況的評注分析，是側重於它的僵死脫節和粗暴扼殺的那一面，而在《城堡》這個極富創意的幽默作品中，卡夫卡的分解無疑是做得更加細膩，更加透徹，甚至也是更加智慧和冷酷。它根本不曾求助於任何希望，毋寧說是無與倫比的清醒與創見。如果說乏味的終極狀態將是幽默的組成部份，這是卡夫卡的藝術所投射的一束光亮，那麼在這個方面，卡夫卡確實是撒母耳·貝克特真正的啟示者和守護神。

此文原載於《中國圖書評論》2009 年第 5 期

《枯枝敗葉》：馬孔多的意識形態辨析

一、時空及村落地形學的意義

　　《枯枝敗葉》的敘述總共出現三個時間框架。根據貝爾-維亞達的研究，其外層時限是卷首語標注的 1909 年；第二個時段是 1928 年 10 月，即為死者送葬的日子；第三個是大夫 1903 年抵達上校宅院到 25 年後自殺為止。[1]由於作者人為的切割組合，尤其是後兩個時段的疊合，實際上我們無法按照正常時序來閱讀這篇小說。換言之，小說對外部情節的敘述幾乎被完全摒除了。

　　對死者的回憶延及 25 年歷史，實際時間不過 30 分鐘左右，這麼做是要將情節內移，造成環狀的封閉結構。小說 11 個章節中的時間呈現為凝滯狀態，直到結尾石鴝鳥的啼叫報告午後 3 點鐘，棺材抬向門外，才將其靜止的態勢打破。這種瞬間的延宕及夢幻般的幽閉感，與物化的時態是對立的。難怪貝爾-維亞達將該篇的色調與《八月之光》中牧師的「黑屋子」聯繫起來。[2]那麼，是什麼導致了小說對於時間現實性的廢止呢？

---

[1]　Gene H. Bell-Villada: Garcia Marquez, The Man and His Work (Chapel Hill and London, 1990). p.142-143.

[2]　Ibid., p.143.

　　葉・莫・梅列金斯基的理論指出，這是一種出自於循環觀念的「迭現」手法的運用。所謂「迭現」就是對「時間的靜止性」確認的詩藝，是喬伊斯及其追隨者採用的一種神話化詩學手法。[3]湯瑪斯・曼《魔山》借人物之口對此也有所論述。漢斯・卡斯托爾普試圖排斥「有方向持續性的永恆」，訴諸於更古老的環狀運動觀念。[4]這個關注也見之於尚-保羅・薩特《關於〈喧嘩和騷動〉・福克納小說中的時間》一文。針對時間「那種不易捉摸、不可思議的靜止狀態」，薩特使用「陷入」這個詞來加以指稱──「因為我找不到更恰當的詞來表示這一無定形的妖魔的某種靜止的運動。」[5]

　　「陷入」和「迭現」是指稱同一個現象，而這種「運動靜止」的意象則蘊含著一種反歷史主義的傾向。詹明信的《晚期資本主義文化邏輯》和葉・莫・梅列金斯基的《神話的詩學》不約而同地關注這種主觀意識的「烏托邦式的轉變」[6]，用後者的話說，對時間的某種相對論闡釋是與「超越社會──歷史範疇和空間──時間範疇」的意圖相關聯[7]。也可以說，有關社會範疇的經驗性質料的表

[3]　葉・莫・梅列金斯基：《神話的詩學》，魏慶徵譯。北京：商務印書館 1990年，第 362 頁。

[4]　湯瑪斯・曼：《魔山》，錢鴻嘉譯。上海：上海譯文出版社 1991 年，第 521 頁。

[5]　《薩特文學論文集》，李瑜青、凡人主編，施康強等譯。合肥：安徽文藝出版社 1998 年，第 23 頁。

[6]　詹明信：《晚期資本主義的文化邏輯》，張旭東編，陳清僑等譯。北京：三聯書店 1997 年，第 294 頁。

[7]　葉・莫・梅列金斯基：《神話的詩學》，魏慶徵譯。北京：商務印書館 1990年，第 335 頁。

現，從未像現代作家這樣輔之以對現實時序整體性的割裂與廢止，導向於主觀和夢態的模擬。佛吉尼亞・伍爾夫和福克納是在不同程度上追隨喬伊斯，而加西亞・馬爾克斯則是追隨佛吉尼亞・伍爾夫和福克納的新觀念。

葉・莫・梅列金斯基指出：「20 世紀小說中的訴諸『深蘊』心理，大多集注於人，即或多或少超脫於『社會』狀態的人；而從『性格小說』的社會心理角度看來，這甚至帶有反心理性。極度個體性的心理又帶有普遍性、全人類性，這為訴諸象徵—神話的用語對其進行詮釋開拓了道路。……執著於神話化的小說家們，將主要情節內移，繼之以內心獨白手法的運用……並繼之以意識流手法的運用。」[8]

所謂「反心理性」，是心理的極度個體化的表現，訴諸於反社會的哲學與觀念。雖說《枯枝敗葉》的死者（法國大夫）並不擔當獨白的角色（《我彌留之際》中死者安迪的獨白是引人注目的），這個人物卻能體現葉・莫・梅列金斯基所說的「深蘊心理」；他是「超脫於『社會狀態』的人」，也是佛吉尼亞・伍爾夫《日記》中所宣揚的，是對於「理智和瘋狂的本質動態」[9]的揭示。

談到現代派的範式及其影響，詹明信提出一個發人深省的看法：「有一種普遍的看法是不恰當的，即認為現代主義總的來說是可以任意選擇的：作家可以採取它，也可以摒棄它，可以吸收或借

---

[8] 葉・莫・梅列金斯基：《神話的詩學》，魏慶徵譯。北京：商務印書館 1990 年，第 336 頁。

[9] 轉引自《達洛衛夫人到燈塔去》，孫梁、蘇美、瞿世鏡譯，上海：上海譯文出版社 1988 年，孫梁「代序」第 5 頁。

鑒它的某些部份（一般所謂的現代派技巧），而捨棄它的別的部份。……現代主義是一個特定的歷史階段，它自身是一個完整的、全面的文化邏輯體系，因此，從現代主義中抽出某部份或『技巧』來借鑒是沒有意義的，彷彿現代主義的『技巧』是中性的、沒有價值問題的，因此可以不考慮別的因素如思想和形式上的和諧和功能而加以借鑒。」[10]

《枯枝敗葉》模仿歐美現代派文學，並非是一種技巧的任意選擇；它對「時間的靜止性」的確認和表現，綜合現代主義的「神話化詩藝」及其「非歷的思維」[11]；它使小說的情感表現「向內轉」[12]，也使情感的價值出現內外的限定與區分。這一點從小說對空間場所的設置當中也反映出來。

路易・阿爾維托・桑切斯說，馬孔多「這個村鎮可以看作是熱帶的唐・吉訶德式人物的巴拉塔里亞島」[13]。實際上，小說有價值的空間是被局限於一座宅院，而其容納的家族人口則遠不如 V.S.奈保爾的「哈努曼大宅」。馬孔多的「宅院」是進入「想像世界裏的『結構』和『場所』」[14]，不是像「哈努曼大宅」那樣成為人際關係的一個標本來剖析。它相對獨立於社會之外，是帶有人格理想化色彩的一個自我防禦的縮影。這是該小說在空間處理上的特徵。它使得「村

---

[10] 詹明信：《晚期資本主義的文化邏輯》，張旭東編，陳清僑等譯。北京：三聯書店 1997 年，第 277 頁。

[11] 同上第 276 頁。

[12] 詹明信：《晚期資本主義的文化邏輯》，張旭東編，陳清僑等譯。北京：三聯書店 1997 年，第 294 頁。

[13] 張國培編：《加西亞・馬爾克斯研究資料》。天津：南開大學出版社 1984 年，第 108 頁。

[14] 《我在曖昧的日本：大江健三郎隨筆集》，王中忱、莊焰等譯。海口：海南出版公司，2005 年，第 1 頁。

落共同體」的概念有所分化，——馬孔多居民「因與『場所』的關聯而分成內、外兩重性」[15]。

以宅院為中心，其外延地帶是由兩個環狀群落所組成：一是泛泛刻畫的狹隘、蜚短流長和報復心切的本地鎮民，他們在大夫家門口的表現猶如所多瑪城憤激的居民圍攻羅得的院門；二是外來人口及其揮霍無度、焚燒紙幣的「人類渣滓」，他們的罪孽（同樣寫得較為抽象）堪比上帝欲予毀滅的蛾摩拉城的居民。某種程度上，確實可以將加西亞‧馬爾克斯筆下這兩個群落與《舊約‧創世紀》中的篇章聯繫起來。

馬孔多村落地形學的這個概況，緣於對社會群落的道德級差的「定制」，它使得家族以外的群體思想狀況並不是通常所謂的被貶低，而是幾乎被「無化」了。家族人物居於敘述的前景，這一點並不必然導致小說的神話化敘述。人物情感「因與『場所』的關聯而分成內、外兩重性」，通過對宅院的自我想像來繪製道德和情感的版圖，並試圖取代外部世界的劣質、混亂和空虛，從而產生更加接近於童年記憶的幽閉而傷感的家族史話，這一點才促使該篇的敘述朝著神話化的方向發展。

從以上對時空範疇的分析中可以看到，新的美學形式是如何具有它「物化」的意圖，使其成為一種「也可以制約心理本身的社會力量」[16]。詹明信將這個過程的實施視為「個人幻想的烏托邦變形」[17]，

---

[15] 同上第 3 頁。

[16] 詹明信：《晚期資本主義的文化邏輯》，張旭東編，陳清僑等譯。北京：三聯書店 1997 年，第 296-297 頁。

[17] 弗雷德里克‧詹姆遜：《政治無意識》，王逢振、陳永國譯。北京：中國社

它反映現代主義美學及其觀念的本質特徵，表現為語言對於現實的祈願與控制。《枯枝敗葉》烏托邦（神話化）敘述的傾向，也是源於現代主義觀念的影響和化入，並非像達索‧薩爾迪瓦爾強調的那樣是源於「加勒比文化」認同的結果。[18]

二、La hojarasca 及道德主題的釋義

標題 La hojarasca，英文譯作 Leaf Storm，按字面直譯應為 fallen dead leaves，中文也曾譯為「殘葉」[19]。貝爾-維亞達強調說這是一個略帶貶損性的字眼。[20]題目究竟指涉什麼，卷首語的描述是清楚的。它是指隨著香蕉公司而來的入侵勢力，由外來人口的「人類渣滓」和「物質垃圾」兩個部份組成。對於原本是僻靜小村落的馬孔多，「枯枝敗葉」帶來的旋風無疑是一場「浩劫」。[21]

但是弗‧多斯特在他的論文中提出不同意見：「……在具有上校觀點的來源不明的卷頭語的開頭，顯然把『枯枝敗葉』同污染了

（接上頁）會科學出版社 1999 年，第 273 頁。

[18] 達索‧薩爾迪瓦爾：《回歸本源》，卞雙成、胡真才譯。北京：外國文學出版社 2001 年，第 162 頁。

[19] 張國培編：《加西亞‧馬爾克斯研究資料》。天津：南開大學出版社，1984年，第 108 頁。

[20] Gene H. Bell-Villada: Garcia Marquez, The Man and His Work (Chapel Hill and London, 1990). p.143.

[21] 《加西亞‧馬爾克斯中短篇小說集》，趙德明、劉瑛等譯。上海：上海譯文出版社 1982 年，第 20 頁。

生活於原始狀態的馬貢多（《百年孤獨》）的迴響」的人類渣滓，看作是相同的東西。但是，『枯枝敗葉』這個詞本身就不清楚；其含義既可指垃圾或渣滓，也可以僅僅指落葉——那種已經失去青春和生命而且已經勾畫出時代輪廓的葉片。如果有一堆『枯枝敗葉』把一條單純的『……左邊是小河、右邊是墳塋的窮街陋巷』，變成了『一座由來自各地的垃圾組成的五光十色、面目全非的小鎮』，那就是有另一堆人真真實實地做了一點事，以阻止馬孔多的慢性死亡。我們確實難以肯定標題指的是哪一堆人；而在兩堆人中，上校及其他枯葉便是主人公。」[22]

弗·多斯特看似自相困擾的讀解其實並非是多餘的。它提出小說中似乎有意回避了的一個問題：聯合果品公司的到來難道沒有為小鎮地方經濟帶來任何益處嗎？將「香蕉熱」群體視為貶損性的「枯枝敗葉」，在多大程度上符合歷史的發展或是馬孔多居民的願望？作家近期的自傳《為講故事而生活》中披露 La hojarasca 這個詞最初的由來，也較為客觀地承認，當地老百姓對香蕉公司抱有好感。[23]

加西亞·馬爾克斯對於「香蕉熱」的歷史評價，前後的立場是一致的，儘管《枯枝敗葉》並未像《百年孤獨》那樣涉及勞資糾紛、罷工和大屠殺等歷史事件，它卻是作者最早涉及「香蕉熱」題材的小說，而且從題意（La hojarasca）到故事的講述都清楚地表明他的敵對態度。這種態度根本上是在拒斥弗·多斯特所謂的聯合果品公

---

[22] 林一安編：《加西亞·馬爾克斯研究》。昆明：雲南人民出版社1993年，第545頁。

[23] 陳眾議：《加西亞·馬爾克斯傳》。北京：新世界出版社2003年，第84-85頁。

司帶來的進步意義，也沒有去表現普通民眾的願望，他們對於「香蕉熱」的態度，——承認聯合果品公司帶來的利益以及他們是如何將這種生存與繁榮的機緣視同神聖。

在《枯枝敗葉》中，為死者送葬及回憶死者生平的變故，這兩個敘事層面均蘊含著對馬孔多世道人心墮落的指斥，它們構成這部小說的道德主題。上校同情死者而譴責鎮民；即便意識到人們的報復心並非沒有合理之處，他對鎮民的評判仍傾向於負面和消極。這個偏見乃是根植於現實和歷史的壓抑。

當上校譴責「馬孔多人是什麼事都幹得出來」[24]的時候，可以注意到文中這句話所加的時間狀語——「本世紀初以來」，也就是卷首語中注明的「1909 年」，這是聯合果品公司入侵馬孔多的時間，是「人類的『枯枝敗葉』以排山倒海之勢把商店、醫院、遊藝廳、發電廠的垃圾席捲到這裏」[25]的時間。這就把上校對時俗的抗拒與「香蕉熱」的歷史聯繫起來，在葬禮風波中注入更深一層情緒；上校與外界輿論的對峙、其憤世嫉俗的責難和孤獨心態，無不是這種歷史性情緒的流露和負擔。他對死者的同情和對鎮民的譴責，在這裏才是找到了可以解釋的一個立足點。

對道德墮落的譴責加諸於小鎮全體居民，當然是有失公道，但它反映歷史的壓抑及其夢魘般的現狀，與馬孔多初建時的田園牧歌給予人的回顧一樣，是基於對現狀的不滿和逃避。小說第 2 章借女僕梅梅之口講述「上世紀末大戰以前我們家絢

---

[24] 《加西亞・馬爾克斯中短篇小說集》，趙德明、劉瑛等譯。上海：上海譯文出版社 1982 年，第 36-37 頁。

[25] 同上第 21 頁。

麗多彩的田園生活」，那時「馬孔多是塊寶地，是和平之鄉，是樂園」[26]。這段敘述包含《百年孤獨》開篇的田園詩模式，與對歷史開端的記憶混合起來，形成一種歷史與現實不斷墮落的神話化敘述的觀點。

諾斯洛普・弗萊在談到當代「社會的神話敘述」共有的特徵時說：「我們這個時代的社會神話敘述，有一點像是對它之前的基督教神話敘述的模仿。『早先事情要簡單得多；從我們還是孩子那時候起，世界已不知怎麼失去了它的純真。我要活下去，為的是能稍稍脫離這無休止的激烈競爭，到一個永遠擺脫它的地方。……這個世界正受到來自國外的巨大危險的威脅，說不定是徹底的毀滅……』我們從這種敘述中即可認出來某些神話的輪廓：天堂神話，原罪和墮落的神話，出埃及記神話，田園牧歌神話，以及啟示錄神話。」[27]

「香蕉熱」這個歷史事件在作品中是被當作一個外部的破壞性力量來表現的，這樣表現的前提是暗示一個純淨完美的世界在此之前已經存在。梅梅的敘述不僅將田園詩的回顧與歷史開端的記憶混合在一起，而且，其潛在的立場無疑是將馬孔多曾經有過的「純真」與「家族史話」相結合，在價值上與日益動盪危險的外部世界區分開來。這種內外兩重性的區分，在分析村落地形學及場所的特徵時已經有所涉及。

《枯枝敗葉》的道德主題所包含的超現實與超歷史的諷喻，顯示神話化的敘述傾向；它的敘述並不囿於「香蕉熱」的歷史主義評

---

[26] 同上第 46-47 頁。

[27] 諾斯洛普・弗萊：《現代百年》，盛寧譯。瀋陽：遼寧教育出版社 1998 年，第 78 頁。

價，即該事件在具體歷史階段中的客觀影響及評價，而是代之以一種囊括性的從存在的初極到終極的知識洞察；通過神話般的家園之誕生與毀滅的直覺，通過其「歷史的預期」[28]的悲觀意識和修辭力量——那場啟示錄式的大風及荒蕪毀滅的預感和描寫來加以呈現，構成它對外部社會的敵視和評判。

作者沒有站在官方的立場粉飾現實，也沒有以「群眾」的概念思考問題，甚至沒有以社會進化論的觀點看待歷史。小說的敘事是來自於被歷史潮流遺棄的族群，具有道德上脆弱的虔敬，也帶有壓抑的禁慾色彩，與變化著的現實格格不入。按照弗·多斯特的第二個讀解，不妨說上校及其他主人公才是 La hojarasca，代表的是「馬孔多的慢性死亡」[29]。而小說也正是從死亡和毀滅的角度來觀察，使得死亡、孤獨、興衰、純真、墮落、毀滅等母題的表達，具有諾斯洛普·弗萊所概括的神話化的典型傾向。因此從歷史決定論的觀點看，小說對社會歷史的評價無疑是一種帶有「限制的意識形態的虛構」[30]，而且顯得頗具破壞力。

三、死者及悲劇的哲學定義

《枯枝敗葉》一直被認為是難解之作。弗·多斯特的論文〈《枯枝敗葉》中的含糊不清與不確定狀態〉對於小說情節的可理解性提

---

[28] 喬治·索雷爾：《論暴力》，樂啟良譯。上海：上海世紀出版集團／上海人民出版社 2005 年，第 85 頁。

[29] 林一安編：《加西亞·馬爾克斯研究》。昆明：雲南人民出版社 1993 年，第 545 頁。

[30] 同上第 311-321 頁。

出質疑，聲稱小說「因不完全的揭示而形成的模糊不清」，使部份批評家對它持有保留性意見。[31]文中援引作家巴爾加斯·略薩的評議，後者曾就小說中懸而未決的問題列出洋洋可觀的一張清單，這些問題涉及小說的基本內容，其中有：為什麼大夫只吃青草？他為何突然與人隔絕？大夫與上校的關係究竟是什麼性質的？為何阿黛萊達有如此深刻的印象，覺得大夫極像一個不知姓名的人？大夫與「小狗」是什麼關係？為什麼大夫拒絕治療傷號，他又為何停止行醫？他為什麼不再去理髮店？最後，他為什麼自殺？等等。弗·多斯特斷言：「所有這些問題都得不到明確的答案……因為根本就沒有可供回答的答案。」[32]

弗·多斯特的「不可知論」，還有巴爾加斯·略薩所做的較為籠統的辯護[33]，都沒有提供實質性的解答。閱讀文本不難發現，有關於死者的人格與動機的詮釋，這在小說中是有交代的。作者非但沒有在情節上「有意省略」，而且還試圖作出不同層面的伸縮與聚焦。

死者生前一系列「不合常理」的行為，是由上校及其女兒伊莎貝爾的獨白呈現——憑著一封介紹信在宅院一住就是 8 年，勾引印第安女傭梅梅，強迫她墮胎，在馬孔多遭劫難的那個晚上拒絕救治傷員，等等。而小說第 8 章則是一個用來詮釋和補白的章節，將大夫這位孤獨的「例外者」[34]形象作了必要詮釋，通過大夫與上校的

---

[31] 林一安編：《加西亞·馬爾克斯研究》。昆明：雲南人民出版社，1993 年，541 頁。

[32] 同上第 542-546 頁。

[33] 同上第 542 頁。

[34] W.考夫曼編著：《存在主義》，陳鼓應等譯。北京：商務印書館 1995 年，第

對話揭示人物的精神哲學。這個尾聲的章節包含關鍵性提示，否則，大夫的言行和結局也就變得難以索解。認為小說的形態「含糊不清」和「不確定」，這是由於忽略了該篇第 8 章所作的導向性提示；而其深層原因恐怕在於，人物「非理性」的精神哲學給小說的敘述塗上了一層令人費解的色彩。

　　大夫這個聰明的「病態人物」，其存在的特質讓人不得不將其納入克爾凱郭爾和陀思妥耶夫斯基的範疇，這是就人物在第 8 章的談話中所透露的精神意味而言。他「用一種巨大的智力把自己裝備起來」[35]，將上校持家育女的行為譏稱為是「代價最小的幸福」[36]。也就是說，他反對的是庸常和理智，依靠的還是理智的力量，而「他的理智的力量也就是他的十字架」[37]。威廉·巴雷特在評述克爾凱郭爾時說：「理智是永遠提供不出信仰來的；然而，要是沒有信仰，他就會死在自己的心靈裏面，成為一個病弱、癱瘓的哈姆雷特。」[38]因此不難理解，當大夫被問及信仰問題時竟會使他失去慣常的鎮靜，他回答說：「請您相信，我不是什麼無神論者，上校。我不過是不願意去想究竟有沒有上帝。想到上帝存在，我感到不安；想到上帝不存在，我也感到不安。」[39]大夫的回答，與《群魔》中基裏

（接上頁）178 頁。

[35] 威廉·巴雷特：《非理性的人》，段德智譯。上海：上海譯文出版社 2007 年，第 159 頁。

[36] 《加西亞·馬爾克斯中短篇小說集》，趙德明、劉瑛等譯。上海：上海譯文出版社 1982 年，第 96 頁。

[37] 威廉·巴雷特：《非理性的人》，段德智譯。上海：上海譯文出版社 2007 年，第 160 頁。

[38] 同上第 160 頁。

[39] 《加西亞·馬爾克斯中短篇小說集》，趙德明、劉瑛等譯。上海：上海譯文

洛夫對於斯塔夫羅金的評論如出一轍：「斯塔夫羅金如果信仰上帝，他又不相信他信仰上帝。如果他不信仰上帝，他又不相信他不信仰上帝。」[40]

　　《枯枝敗葉》的大夫是一個現代意義上的主人公，表達的是現代非理性的虛無哲學。這個人物創作的譜系應歸屬於歐洲存在主義及俄國式犬儒主義。與《群魔》中的斯塔夫羅金一樣，大夫的「自擇行為」（冷漠作惡及上吊自殺）也是在虛無哲學的邏輯之中獲得其導向和注腳。而且，兩部小說對於主角神秘感的處理也頗為相似。《群魔》的敘述較少言及斯塔夫羅金不可理喻的行為動機，直到結尾時通過給達里婭的長信，才將他深奧的內心披露並加以詮釋。《枯枝敗葉》對大夫的描述也做了類似的一種處理。

　　加西亞·馬爾克斯的作品涉及存在論哲學的主題，這一點在研究中還沒有得到揭示和歸納，而《枯枝敗葉》是他創作中涉及這個主題的小說。具體從兩個方面來概括：首先，主人公是以犬儒主義者的方式在傳統信仰的層次上表達他的「自擇行為」，誠如 I. A. 理查茲在評論斯塔夫羅金時概括的那樣，人物「既渴求卑劣的體驗又充滿自尊，這兩者結合在一起就形成了他宗教上自相矛盾的關鍵。」[41]

（接上頁）出版社 1982 年，第 94 頁。

[40] 陀思妥耶夫斯基：《群魔》，臧仲倫譯。南京：譯林出版社 2002 年，第757 頁。

[41] 赫爾曼·海塞等著：《陀思妥耶夫斯基的上帝》，斯人等譯。北京：社會科學文獻出版社 1999 年，第 151 頁。

其次，主人公的存在構成一個超世俗的精神等級體系；是以人物的傲慢或道德異議來劃分，形成由小圈子的秘密認同為紐帶的一種「價值梯度」（尼采語）。上校和小狗對於大夫的敬畏，兩人均懾服於大夫的精神力量並自願充當保護人，其默契與表現的基礎就在於此。而這仍要歸結為是陀思妥耶夫斯基創作方法的影響，安德列·紀德對此作了精闢的分析：「人們並不能以善惡的多寡，也不能以心靈的品性，來劃分他的人物的等級（請原諒我使用了這個可怕的詞），而要以他們傲慢的程度。」「陀思妥耶夫斯基一方面為我們展現了卑賤者……另一方面，還為我們展現了高傲者（其中有的竟將高傲推至犯罪）。一般情況下，後者最為聰明。」[42]

《枯枝敗葉》試圖以三角關係（死者及其保護人）為核心構造其較高一級的價值存在，賦予主角的悲劇以特定的哲學內涵。它協調於獨白敘事的內外區分的模式，在死者的「終極存在」的基礎上，為這個傾向性的模式補足價值的深度。

應該看到，能夠用來表現「群體道德墮落」的角色在小說中是一個都沒有；從卷首語兩頁斜體字開始，馬孔多鎮民（包括其移民人口）充其量是被議論和評價的對象；他們是一個被「無化」了的群體，在小說中沒有可以代表的人物。家族成員及「三角關係」則始終佔據敘述的前景位置。這種空間與人物關係的處理，這種帶有新摩尼教意味的區分，在死者的魔性、高傲、孤獨和道德憤怒中上升至一個鳥瞰的尖頂，富於鮮明的存在論意味。

---

[42] 紀德：《關於陀思妥耶夫斯基的六次講座》，余中先譯。桂林：廣西師範大學出版社 2006 年，第 70 頁。

四、結語

　　《枯枝敗葉》描寫馬孔多興衰，它混合「歷史和神話的雙重敘事」[43]，試圖「使用解釋性的結構，以終結的方式塑造他們得以窺見的歷史」[44]。小說有三個時間框架，卻沒有給出毀滅的時間記錄。按照邁克爾‧伍德的觀點，馬孔多的存在是「虛構中的虛構」，「甚至不能稱之為是記憶」[45]，而是傳達烏托邦式的「非歷史的思維」。馬孔多的孤獨，也隱含跨國文化遷移狀態中第三世界知識份子的邊緣性視角；它表達一種深受「存在論」影響的波西米亞藝術家的世界觀，「把既定的社會看成是一種壓抑性的憂慮結構」[46]，屬於弗萊《現代百年》中談到的新型群體那個具有普遍叛逆性的意識形態。熱帶的村落首先是經由存在論的解釋而被普世化了；它融入新思潮的症候及主體性觀念的自覺。達索‧薩爾迪瓦爾在《回歸本源》中斷言該篇「創作力是來自人民平凡的想像和創造」，並將其與現代主義思潮的影響割裂並對立起來，[47]這個論斷需要質疑。

---

[43] Emory Elliott 主編：The Columbia History of the American Novel. 北京：外語教學與研究出版社 2006 年，p. 619.

[44] Lois Parkinson Zamora: Writing the Apocalypse: Historical Vision in Contemporary U. S. and Latin American Fiction. Cambridge: Cambridge University Press, 1989, p. 35.

[45] Michael Wood: G. Marquez: One Hundred Years of Solitude. London: Cambridge University Press, 1990, p.12.

[46] 諾斯洛普‧弗萊：《現代百年》，盛寧譯。瀋陽：遼寧教育出版社 1998 年，第 52-54 頁。

[47] 達索‧薩爾迪瓦爾：《回歸本源》，卞雙成、胡真才譯。北京：外國文學出

　　總之，對馬孔多敘事學的探討必須與作者「根據一種意識形態的觀點改寫哥倫比亞歷史的一種批判性解釋聯繫起來」；作者對歷史的再現也是「出自於一種有限制的意識形態的虛構」。[48]本文的分析試圖闡明，作為《百年孤獨》的前身，《枯枝敗葉》對馬孔多的限定及其「意識形態的批判性解釋」，已在其神話化的敘述中得以奠立。

　　（接上頁）版社 2001 年，第 178 頁。

[48] 林一安編：《加西亞・馬爾克斯研究》。昆明：雲南人民出版社 1993 年，第 311-321 頁。

附錄

論木心

一

從網上下載〈一飲一啄〉，讀過數遍。

寫詩的那個人簡直是光彩熠熠。詩帶著初夏的體溫，氣息迷人。雅俗無界限，一切都需要拆散，重新營構。木心睿智、幽默，細韌而有大力度。有一種似乎是難以捕捉的精神調性滲透在詩中，有煽動翅翼的「普智天使」於字裏行間吹起的一股氣流。沒有人像他那樣寫。不僅是形式，還有那種氣質。他的氣質是引人矚目的。

有許多在現代詩歌裏已經乾涸消失的東西，羞羞答答夾藏在袖口的東西，在他那裏得到了振作。詩歌引經據典，不避諱俗套，也不避諱直白。他沒有這個地域出來的人坐井觀天的村俗氣。沒有先鋒派可厭的麻木精緻。詩句像是吹來一股清風，充滿啟示和愉悅。

多年來，人們似乎習慣於將啟示的權力留待於外國的詩人作家，或許是情有可原。木心的作品讓人覺得驚奇，不知道從何而來。它有著一個原始的抒情的靈魂。它掃除庸俗現實主義和自閉症者的囈語，展示它富於原創性的聲音。這種詩歌的淵源當然是來自於現代主義，散發濃郁的現代主義氣息，但是也超越了現代主義。

二

詩中這樣談到貝多芬：

> 貝多芬鋼琴奏鳴曲第廿八號　哲學的滋味
> 同上作品　也應說是一種可以咬嚼的瀟灑
> ……

那麼，這也可視為他的精神調性的一種闡釋。這個人的思維是太活躍了。

詩人的存在是超本能的。在木心的身上又可以得到驗證。這首詩中，他試圖調和上帝與自我，把形式整體的可複製性也給撤走了，留下「一飲」和「一啄」之間彌散的虛無。

東方的古老哲學與西方的現代意識，在這個高度上彼此融合了在一起。

他說：

> 藝術家是用藝術來埋怨上帝的
> 生命樹漸漸灰色　哲學次第綠了
> ……

還有：

> 衣袋裏的塵屑是哲理性的
> ……

大量分發警句格言,一個久違的詩界賢哲。現在他們那邊也不大有這樣的角色。活著的大詩人當中,加勒比的德里克‧沃爾科特也是善出警句的人,經常會有一些類似的揮霍。卻沒有這個「一飲」和「一啄」之間獨享的空無。

如此說來,真的是很有意思。

想起維特根斯坦的書裏評論勃拉姆斯的那句話:

　　勃拉姆斯的壓倒一切的力量。

三

〈一飲一啄〉中所有表現為觀念劇情的東西,空想的,世俗的,哲學的,命運的,自然歷史的,上帝的,社會的和自我的,藝術本體論的,等等,都不能說是結論和觀念的簡單表達,而是一種對於觀念的精緻辨味。

這個「辨味」是尼采的概念,好像是《悲劇的誕生》裏出現的詞,用在這裏很合適。木心的這個東西非常厲害。他以一種逼近人的輕描淡寫來觸及根本。也就是說,無所謂高低雅俗的冷眼區分,而是緊貼著一切現存的秩序而逆反。

要說直白辛辣,這也是叔本華、海涅、尼采他們之前的哲人不會或者不願做成的那種辛辣。所以說這是很現代的,仍然是我們這個時代,我們這個紀元。

大凡能辨味者,至少也是半個諷刺作家了。尼采便是寫作大量短句子的諷刺作家。

四

　　語態和戲擬，張力和反諷，典故和轉喻，在他筆下盡顯無遺。「夜漸漸亮了，芥川才寫這種句子」……初讀開頭那幾句，覺得驀然一怔，是令人耳目一新的格調。接著又是下載的〈俳句〉，另一首篇幅相仿的長詩，意境和造句非常之美。兩者的形式也是相仿的，詩行用星號隔開，風格和句式都帶著它們虛無而自足的烙印。

　　有人說，切斯瓦夫‧米沃什的詩寫日常生活寫得驚心動魄。那麼不妨看看這個中國作家，他的才氣真是難得一見。對語言的調撥，迴旋於語言和天性之間力量的柔韌性要勝於米沃什。包括米沃什在內的當代已故的詩人，如路易士‧博爾赫斯，奧克塔維歐‧帕斯，約瑟夫‧布羅茨基等，他們未能夠讀到木心的詩，是一個遺憾。

　　他的詩拆散整體，又無話不談。其間隔與起始的韻律，宛如空中的詠歎調那悒鬱飄落的回音，降落到此地與彼岸的空間。它吸引人反覆去閱讀和品味它的字句。而那種不同地域的延展與自然聯結的感覺，也是木心作品折射出的一道異彩。此岸的故土江南，彼岸的異域風景。或者：此岸的日常世界，彼岸的形而上漫遊。等等。

　　他的身上有頑童氣（莫札特的？）。也是宴享快樂的智者。一個自我修煉的語言大師，駕馭語言的能力是自由的。這大概得益於他能夠化入多個傳統，大膽吸收中國傳統中「消極自由」的

力量，包括錘煉字句的那種心得——也就是有些人似乎避之惟恐不及的古典風骨，創造了他的「詩歌習語」，還有詩歌語氣。

詩中有一個句子真可謂是底氣十足，它說：

> 古文今文焊接得好　那焊疤極美
> ……

約瑟夫・布羅茨基曾經撰文評價蒙塔萊，羨慕後者擁有自己的「詩歌習語」。可見在這個文化失範的流變之年，也唯有詩人的介入才足以刺激語言中的原始理念。而木心從這一點來講肯定也是太幸運了。他經歷了自身文化的斷層，卻沒有丟失需要錘煉的那個熔爐。他生活在一個美學的變化與重估、一個語體上只能重新創造的、也是富有機遇的時代。

或者不如說，美學就像意識，無所謂增長與減少，而是一種有或沒有的關係。

五

木心必是走過一個漫長的旅程。他的詩也訴說他的故事，跟他見過的、讀過的、幻想和希求過的東西對話。然而在他沉思的峰巔，涉足於似乎是少數人方可轉述的領域，他那種中年的抒情詩的藝術仍是建立在與這個世界（人們熟悉的世界）捉摸不定的、恬美的、空靈的基礎之上。

六

常被問及某某詩人為何自殺。這個問題實在很難回答。時代的，體制的，年齡的，出身的……，屬於症候群的種種診斷，等等。

自殺是工業文明墮落的壓力，從隱喻的意義上講，今天活著的人其實誰都難以倖免。從天使克莉絲蒂娜‧羅塞蒂、桂冠詩人丁尼生所在的那個時代就劇烈地感受到那種壓力了。

或者不妨轉換話題，這樣來描述一個活著的詩人：

戲劇性，表現慾，才智卓越，高度自尊，講究衣履，又似乎落魄得周圍像是沒有人，沒有朋友，沒有文學運動和沙龍（即便有也是等於沒有），對現實的蠅營狗苟的運動表現為一種狡黠的尖刻的玩味，把人生當作一個貴重的禮物來看待。

這種人必是十分的脆弱，優柔寡斷，卻不會沉湎於平民精神的搖擺不定的也是自我否定的心理衝動（自殺慾）──也就是那種過分的孤獨帶來的負疚感，混淆心智純潔性的廉價宗教情感，還有精神意圖之可厭的謙虛，等等。

這種人的精神與現實對峙，傾向於歷史的解構和神話的庇護。

現代詩人日益喪失童話和神話的觀念。

現代詩人偉大的誘惑和抱負多半是走火入魔。

七

愛情如雪　新雪豐美　殘雪無奈（〈一飲一啄〉）

詩中有一條清冷的地平線，美好的事物隱約沉落在背影的後面。

人或許不得不仰仗於藝術，以及與此相關的那一點點從未存在過的、也永遠不會消失的光照。

「希臘的夕陽至今猶照著我的背脊」——這個句子比接下來的那個句子還要好。

八

網上粘結的材料不分段落，看起來費力，其中夾雜網友的跟帖，還有大量仿作在模仿寫格言，弄得像是對聯的忙亂而蹩腳的對句，有些還帶著鹹濕的臺灣腔，大概是老早以前的帖子了，舊版新帖，十分熱鬧。

讀〈上海賦〉全文。

木心的身世顯得像一個謎。如果不是紈綺子弟出身，混跡十里洋場，作者何以瞭解那麼多，而且還懂得那麼細緻活泛，但文中有許多感受又只能是底層的窮學生或外鄉人才會有的，兩者的來源非常不同，混合的那種氣象漸隱漸顯，令人莫辨底細。

毫無疑問，木心有著一個很好的記憶力。他那種亦莊亦諧的活潑而機智的才情，似乎也適合於寫作詩劇。

這樣一篇貌似懷舊、抒寫風俗的文章，蘊含了多個視角，它的捕捉和表現細節的能力也只有高超的文學家才會有。〈從前的從前〉的最末一句：「從前的上海嘞，東方一枝直徑十里的惡之花，招展三十年也還是歷史的曇花。」作者驅遣字句的思想立足點的高度，從這個句子當中已經可以感覺得到。語氣是俳諧的語氣，

比喻和用典也十分老辣貼切，而底子裏則是那一份懷疑主義者持久的道德評判力。

木心取的是鳥瞰的姿態，與超越時空的歷史進行對話，既作解構也能重新營構。表現某個地域的特質，如果只是身在其中恐怕還是得不到準確的透視的。文章在這個方面也給人帶來了教益。那麼，寫了舊上海，自然就會有一個問題，作者算不算是海派作家？那一點有關身世之謎的猜測顯然還不能從文中得到驗證。

〈後記〉中對京派與海派的辨析，應該已經回答了這個問題。文章剩下三個部份沒有寫，只做一番概括交待，就這樣告別了當年的海派策源地。從這篇文章來看，木心當然不是京派，也不能算作是海派。他的視界是全然不同的。他是熟諳老上海掌故的歷史深處的遊魂，一個獨抱情懷的清醒的觀察家。

我很喜歡〈亭子間才情〉中的句子：「亭子間與大洋房相距總不太遠，靠在窗口或站到曬臺邊，便見大洋房宛如舞台佈景片那般擋住藍天，那被割破的藍天上悠悠航過白雲，別有一種浩蕩慈悲。」

寫到旗袍那一節也有類似的筆觸：「藍布旗袍的天然的母親感、姊妹感，是當年洋場塵焰中唯一的慈涼襟懷——近惡的浮華終於過去了，近善的粹華也過去了。」

他的大詩人的才分在融入那些包含猥瑣行跡與市井掌故的敘寫時，特別富有一種時空的穿透力。

其實，〈上海賦〉又何嘗不能解作一篇狄更斯式的小說？我們可以借用狄更斯的幽靈，來觀察〈上海賦〉作為城市文學的創作。這篇文章的角色很豐富，隱含著一個敘事的群像。例如，圖書館裏

查閱資料的老學者，紈綺子弟，市井男女，裁縫，報童，窮學生，鄉下人，失戀又失眠的流浪詩人，依偎母親、畏懼世事的閣樓少年，等等，等等。

這些角色並不全是來自於文中描述過的對象，而是它的語言的結晶與解析過程中折射的一個靈魂譜系。〈上海賦〉的精彩莫過於它所蘊含的豐富多姿的視角，也就是當代描寫城市的長篇敘事所期待的那些東西。在敘事狀物的平面而堆砌的維度上，過去缺少的是他那種印象和觀察力的豐富，或者說缺少的是詩人對於愛欲與生死觀的提煉。

木心文章的饋贈也在這裏。期望中國先有像樣的城市模式，然後再有像樣的城市文學，像 90 年代的某位社會學學者所表述的那樣，這無異於刻舟求劍。文學是不會將特定的風俗和思想儲存起來，以供某個外來的獵奇者支配使用的。〈上海賦〉那個褶疊的時空中蘊含著多麼深邃的視角。因此可以說，除了對生死存亡的敏感鑒別，又何來觀察視角的融合切入？除了想像力的飛騰凝視的觀察，又何來那所謂的現實多層面的揭示，包括其邊緣部份夢境般的參差幽暗……？

九

已知的材料加上道聽塗說的細節，在我的頭腦中逐漸形成藝術家的某幅肖像。

旅居紐約的木心先生，水泥鋼筋叢林中一個自處獨居的藝術家，更像是文藝復興時期埋頭工作的奇男子。他的脾性，說來有

點像達・芬奇，總是被各種不同的構想所吸引，似乎無法完全地融入到外界的某個詮釋之中。「下一個步驟是什麼呢？」或許他會這樣問。

他繪畫，寫作，給學生授課，用文言文改寫整部《詩經》，撰寫一部八千行以上的題為《偽所羅門書》的長詩，隔著大洋懸想一座遠東的繁華舊都市，企圖描摹它的風俗百態。某日陪同友人參觀伊斯蘭藝術博物館，行走在大廳裏，收住腳步忽然說道：「這個世界精緻得只欠毀滅。」

十

《哥倫比亞的倒影》出版。這個值得紀念的文學事件有著一個歷史的「時間差」。

幾乎全是二十年前的文章，新鮮得又像是剛出爐。也可以說，過了二十之後，大陸才剛好置身於這些文章寫作的那個時代。這個「時間差」很有點意思。從〈倒影〉等篇來看，木心應該是漢語作家中最早觸及全球化這個主題的人，這主要還是緣於他那種思想的敏感。把〈倒影〉和〈遺狂篇〉放在一起看那就更加清楚了。詩人的直覺力和意識，使他能以這樣一種深度來觸及這個普適性的主題。

集子中我最喜歡〈同車人的嗟泣〉，〈竹秀〉，〈童年隨之而去〉等篇。但是未見有〈愛默生家的惡客〉，〈草色〉，就是白皮書的座談會中提到的幾篇。〈愛默生家的惡客〉單看題目就吸引人，可惜沒有讀到。這是木心在大陸出版的第一個散文集，幾乎沒有一篇的

手法是重複的。〈倒影〉和〈明天不散步了〉兩篇在技法上倒是相似的。〈倒影〉內在的張力更強些，主題的概括性也更大。除了下輯的〈上海賦〉，這兩篇應該是集子中最具代表性的篇章。

在〈上海賦〉中尚需辨認的那份懷疑主義者持久的道德批判力，在〈哥倫比亞的倒影〉一文中則直接構成了它主題和寫作的起點。這個從信仰到信仰的純然是否定性的表述，其間的縫隙其實很小，小得幾乎難以存身，但在木心的筆下，這道縫隙也足可容納一場似乎沒有邊際的遊弋──「為了使世界從殘暴污穢荒漠轉為合理清淨興隆，請您獻出您的一莖頭髮」。

那位異想天開的表述者如是呼籲。他從塔樓遁入到集市群生，環繞於日常世界的各個角落，漫遊沉思，自言自語，儼然是承載著質疑和解答的那個主體。

然而，主體悄然發出了質疑，它能夠得到熱烈而確定的那個解答嗎？

借用維特根斯坦的定義來描述是再恰切不過了：主體不屬於這個世界，主體構成世界的邊界。〈倒影〉的寫作其實是打破了「意識流」的自我主義的哲學立場，逼近於它的不能確定但無疑是熱情的界限。海德格爾見此也當為之矚目，同時面色蒼白得輕輕咳嗽，為他所追慕的詩人的瘋狂形跡。因為──也唯有在逼近深淵的那個高度理智的層面上，我們或許才能說，〈倒影〉的表述者的立場幾乎已接近於瘋狂。

文章的起落承接，質疑解答，一切都顯得自然而然，似乎是左右逢源，同時也令人感到十分罕見：它沒有可以呼應的同類寫作，卻隱含有一種犄角推進的精神力量。

十一

不妨將〈遺狂篇〉視作木心的〈會飲篇〉。一場彷彿是騎著毛驢、嘴銜無花果、輾轉於波斯、希臘以及華夏中土的嬉戲遊歷。他解開《世說新語》落滿塵灰的卷帙封套的繩結，要求與古人進行對話。

這也是瘋狂的拔除了立足點的想像，求助於多個傳統的片段嫁接，相對於古典時代不可複得的怡然襟懷。木心在他的這場重鑄一個視界的嘗試當中，以無畏的勇氣追求理智和精神力的昇華。他以現代人的境遇詮釋古典精神的魅力，傾向於歷史的解構和神話的庇護，並將他創作與想像的淵源推進到身後的幾十個世紀。

十二

這個就是我們生活的 20 世紀，延伸到眼下所屬的全球化時代。這個剛剛過去了的世紀，它的理想和懷疑的精神，無論從哪個角度看似乎總是不能夠平靜的。海德格爾的告誡——「在大地上詩意地棲居」，從某種意義上講，也無異於淪落為房地產商和建築師隔靴搔癢的一種時尚，一種廣告的誘拐術，或者說是一種渺不可及的小小天真。〈倒影〉的表述者談及信仰問題，似乎只好尖酸得王顧左右而言他。歷史的疑難是——單憑那四福音書的敘述是「無能闡明信念之不可言喻性的」；而歷史實際的狀況是——「所謂『見而信』是沒有用的，『不見而信』是做不到的尷尬狀況始終

僵持著……」詩人在河岸彎下腰，從胯間窺望水中倒影，試圖得到一個生命和文化彼此滲透的歷史正相。這是一個「白晝比黑夜還靜」的時刻，聽得見心跳呼吸，而他又何嘗不知，要發生的事也已經發生了。

〈倒影〉最後說道：「……這又何能持久，我總得直起身來，滿臉赧顏羞色地接受這宿命的倒影，我也並非全然悲觀，如果不滿懷希望，那麼滿懷什麼呢……」

沒有退路，也未見遠景，眼下可見的是「……倒影激灩而碎，這樣的溶溶漾漾也許更顯得散漫悅目──如果風再大，就什麼都看不清了。」

木心的這些文章，是對於垂暮的世紀所作的一個既是十分尖銳也是頗為隱忍的反應。它顯示為一種眼界深廣的世俗性的自我懷疑，也是對於俗豔而廉價的精神安慰的一場抵制。他的寫作，就其最為謙抑的表達而言，始終內含一個不無煊赫的姿態，也是我們身邊難得出現的一個聲音──似乎它在說：你可以觸摸星辰。

十三

臺灣的一位論者說：可惜木心的創作走入了詭譎一路……

但不知道他說的「此前」是什麼，「此後」是什麼，事實上又是否能夠出現這樣突然的轉折變化，等等。總之，這麼說未免是離譜的。

也有些網評說木心的寫作很自戀。那麼，這就更不知扯到哪兒去了。就說當代作家吧，凡是讀到的能稱之為作家的人，又有哪一

個算是自戀的呢？說實話，我還幾乎沒有看到過。不過，談這個話題毫無意義。

說卡夫卡的風格詭譎，這是可以的。我們可以說，年輕的卡夫卡是一個熱誠的典範，他將寫作和生活的兩頭都點燃……他說：「沒有擁有，只有存在，只有一種追求最後的呼吸，追求窒息的存在。」（〈對罪愆、苦難、希望和真正的道路的觀察〉）

木心的寫作也是高度的熱忱。或者說，那是一種不分先後的為寫作而寫作的生活，無論是五十歲之後重拾舊業，還是早年的那些被遮蔽的年月，顯見的這件事情就是他貫穿前後的中心，這個從其文章中已經展露無遺。〈竹秀〉等篇的敘述採用過去的現在時態，怕也不是偶然。

比起知識和識見更可貴的，還是對於創造精神的高度熱忱。就是在這個常人感到不可思議的年齡段上，他的創造力的活動不停地「跨越精神死亡的峽谷」（食指語），獨自穿越這個日益鄙吝粗俗的世紀。詩人的死亡意識，也就是他的創造意識的焦點，這個與知識和學術的蓄養未見有太大的關係。

不可忽略的，或許還有木心採用的與當代西方作家有所不同的寫作理念。他從來不涉詭譎的路徑（實際上中國也沒有詭譎的作家），最後也不肯降低作為詩歌本身的高貴脆弱的質地。他恪守語言傳統的操守，在事實上是從屬於現代作家的一場精神冒險之中，最終指向古典的「明心見性」的本質。這一點，或許是十分的耐人尋味。

從他的寫作看，他剔除了許許多多他認為是「蕪雜」的、或許也是相當可讀的東西，在類似於〈上海賦〉那樣已經開闢的領地上，他投之以一瞥，拒絕再有所跟進……

他對於語體的控制極為嚴格、細韌，深沉而又不乏威嚴。《瓊美卡隨想錄》和《素履之往》那種風格的精髓，也就是他的思想和原則的精髓。這些文章卓見迭出，妙語連珠，是以古典的「明心見性」為指歸，徜徉於寬闊得似乎無有邊際的古今中外的精神領域……

從常識來推斷事物的本質，它所依據的自然不是那一點點常識。木心的「言論集」中的某些做法，我以為是比較的接近於孟德斯鳩。他的文章屢屢提及蒙田，愛默生，孟德斯鳩等人，與古人爭辯，表達其心儀和批評。談及自己的身份氣質，他則以頑童自許——憨變無度，只知嬉戲。但是要知道，質之於流行的「後現代」方式，他的遊戲和詩教的社會指向則是憤世嫉俗的，甚至是嚴厲而帶有挑釁的。用他自己的一句話來表述更為有力，他說，在文學上他所要做的便是「推翻法利賽人的桌子」！

在這類絕非是寬容的質疑之中，木心負有他的使命。

十四

有詩為證。

不妨看他的〈劍橋懷博爾赫斯〉，這裏引錄的是不完整的片段。

「……譬如在巴黎，垂暮冬日迷雪／淵博而淺薄的法朗士與我何涉／你已斷決我們濟濟臣屬於愛或炎情／若非臣屬怎稱叛逆，拉丁美洲算不得佈景／這裏的河是那邊先有了河／對岸的舊屋業已認輸，明月獨自升起　／風寒，殘蘆寥寥，我被激怒了似的／你也是？常會被激怒似的踽踽退回／斜躺在亞當斯閣二樓

客室的白床上／每個抽屜都是空的，我是孤兒／禮拜一去墓園細
雨如粉撒落／……禮拜四 Fogg 博物館小沙龍的中古繡椅上／坐
談移時，他們把倫勃朗的東西／掛在通向洗手間的過道轉角宛如
奴婢／禮拜五，十餘男女陪我吃宵夜旨在攻毀城堡／詭辯風華在
古代所幸時光倒流兩小時／燭枝吊燈的塵埃漂浮涼卻的湯盆
裏……」

　　一幅遠景被壓縮的夢幻般的畫面，顯示作者精湛的詩藝和原
創的活力，間或也表達隱忍的厭世和指斥的鋒芒。

　　語氣的過渡，部份是靠文言文的句讀來推動；詩的意象綿密精
緻，織成的畫面呈現綺麗而深婉的情調；以它巧妙的轉喻，典故的
徵引，複調的處理等手法，達到其詩性表達的鋒銳與平衡。主題是
一個詩人對另一個詩人的憑弔，關注的對象還是文明，文明的命
運，也就是那雙冷眼背後熱情得無以復加的東西。而本篇輓歌的調
子，則加深了它悲觀的氣息。

　　還有，作者又一次寫到了他的腳步。在〈林肯中心的鼓聲〉或
〈明天不散步了〉中，我們屢次看見他的腳步邁出門檻，又夢幻般
地「踽踽退回」。在類似於用百科辭典的語態寫作的詩歌〈夏夜的
婚禮〉，或是另一首《〈凡-高在阿爾〉觀後》或〈布拉格〉等篇中，
同樣也可聽得見詩人諦聽回聲，悄然踏響的腳步。

　　詩人行走在這現世的路途中，又像是踩踏在一幅地圖上面，
而這幅地圖巨大的邊緣愁慘地卷起，映照出四周荊棘叢中寂靜的
陰燃。

　　如同是杜甫的一首詩的最後一句——它用腳底的繭來報導心
底的預感。

　　只能這麼說，文明的被壓縮的景觀是屬於那個報導它垂死狀況的人。當有人在報導一種文明垂死的時刻，其預知的深度則是與化入這種文明的理想的深度成正比。

十五

　　木心的創作，就其文化的向度而言，它顯示了文明自我保存的夢幻般的力量，也顯示了對於文明的清醒而悲觀的逆反。

　　不僅僅是〈劍橋懷博爾赫斯〉，還有〈普林斯頓的夏天〉，〈祭葉芝〉，〈哥倫比亞的倒影〉，〈溫莎墓園日記〉，等等，諸多詩文敘事和隨筆言論。

　　它立足於一個當代普適性的立場，出於對經典的世界文明的崇尚和懷念，與流行的趣味格格不入。執著於奇特的聯想和比喻，沉湎於對經典的改寫和體驗，進入到它獨特而超邁的藝術之夢的那個領域。因此，它的美學和倫理的表述既是來自於孤獨，也是為了打破那種孤獨。它是面向現實的表述，也是一種回顧而癡迷的轉述。俄國白銀時代的那些「文化詩人」，他們的藝術實驗也同樣堅守一個清明而狂熱的夢境。

　　從其立足的那個背景來考察，這仍然還是與啟蒙運動的歷史有關，是由 20 世紀籠罩全球的意識形態壓力所帶來的那場普適性的文化危機，已經到了讓人需要自我抉擇的程度。這是一個其存在的規定性不無反諷的，思想上容易滑入囚禁與悖謬的領域，也是穆齊爾、葉芝、博爾赫斯、布羅茨基、米沃什和米蘭·昆德拉等人試圖闡釋的一種境遇。它能夠允諾一個人（不多不少的一個人）獲取安逸與

自由的那種可能性似乎非常之小，小得像是遺落在縫隙裏的一枚針。但是，它對於可能性和意義的詰問也始終存在，而且鍥而不捨，難以平息，如其理想與懷疑精神的喜劇般的交織。木心的創作，便是大量涉足於這個地帶，並且做出了他的反應和姿態。他以藝術家和抒情詩人難能可貴的本色，從中開闢出一個精神可以遊走的空間。

這個人獨自從東方漫遊到西方，從故土江南跋涉到赫遜河畔，置身於文明不可抗拒的潮流的風口浪尖，承擔起自我的分裂與緊張，英雄的禁慾與歡樂，帕斯卡式的熱情與工於心計，哲人的憤怒與教誨，還有那種深沉溫柔的、幾乎是難以抵禦的思鄉的蠱惑。這個故鄉又似乎如此遙遠，懸隔於身後幾十個世紀的藍色海灣的崎嶇島嶼之上。

十六

他是 20 世紀先鋒文化的受益者。至少從藝術的陶冶來看，他的詩歌極為顯著地體現了從法國後期象徵派到阿波利奈爾到超現實主義的影響。那首〈FRACTURE〉便是一個超現實主義拼貼手法的傑作。

他也是 20 世紀文化的不留情面的刺客。他的詩文大量地表達對這個世紀的懷疑，其中也確實不乏混合的開心的諷刺；甚至在他擁抱的同時，他經常是一個厲聲的詛咒者。那麼，這兩種彼此對立的態度，哪一種對於他來說才算是真實的？

可以毫不悖謬地回答說，兩者對於他同樣都是真實的。因為，這個看似悖謬的對立也恰恰是留給創作者的一個領域。猶如角力場

上的演示，它通過藝術家充滿樂趣的轉化和捕捉的手腕，使之轉變成悲觀的自我與上帝的空無之間一個調和或者仲介。

因此，木心所使用的手法，主要是對比和緊張（tension），在對比中尋找事物的關聯，借助於擬態、反諷和各種各樣的比喻，揭示事物的表像及其內在秩序中豐富微妙的含義。

撇開他自身的主題和創作特色來看，木心與這個世紀中的許多詩人一樣，既是創作者也是批評者。有時候，他們借助於批評刪削的筆尖，勾勒或改寫古典的那種柔美如晨曦的抒情。那麼誰又能說，作家能夠真正回避或者超脫這場文學的潮流？這個詩人對於「世紀文化」的化入如此之深，以至於他的每一個抽身或間離的姿態，似乎顯得太險要，太根本，太關乎於自身的要害，因此也總是顯得格外富於啟迪。

可以說，像〈再訪巴斯卡〉那樣的詩作幾乎是沒有人去嘗試過的，——這個指的還不是它技巧上的走鋼絲。而我們從有關的那幾篇「訪談錄」來看，木心對於抒情詩中年寫作的性質，確實也是極為自覺的。〈魚麗之宴〉中那篇「答臺灣《聯合文學》編者問」的訪談錄，也可視為一個才情洋溢的創作，幾乎每一頁都包含著思想上新鮮的昭示，流露著自由而不乏天真的自我規範狀態。

這也就是從最初我們看到的〈一飲一啄〉和〈俳句〉等篇中透露出來的東西。毫無疑問，在他那種遊刃有餘、打破時空的漢語表達中，自然的感受性與高度人工化的結合給人提供了一種美學的新示範。它滲透著一種自覺而深沉的求道精神，歷久而彌堅；是荒野上那種堅忍不拔的懷疑和理想的熱誠，為自身的那一把聖火所

點燃，推動著他的創造和自我求索，昭示其漫長的來源和去向，進入到藝術的破壞和遊戲的那個高度真實的領域。這個存在的軌跡也足以垂範世人。

十七

木心從思想上承認這個世界的事態及其諸事實的價值嗎？我以為他拒絕承認。

與其說是出自於驕傲，還不如說是出自於信念。他對於美學和倫理的一系列嚴厲的評判，是針對這個世界的總和而非局部。從局部來看，他偏向於江南的精細與優柔，鞠躬於每一個細部的微塵般的意義。他的印象與感官的魅力也在於此，趨向於曼妙清明的這一端。然而，另一端也不時顯示出他剛烈的氣骨，甚至不妨說是傾向於熱烈的一元論。這有點類同於以賽亞‧柏林從俄國文學中抽象出來的那個兩極性的模式。

木心說：文學家的宿命就是要言不煩地一直囉嗦下去。

那麼，這句話——還有他整個創作中那個基本的姿態便是：它否認倫理和美學的主體是落在這個世界之內的。美學的也是倫理的那個主體是虛無的，它根本就不承認這個世界。這麼說倒有點像是在談論陀思妥耶夫斯基的文學了，其實這裏是借用維特根斯坦早期的語言來描述木心，說明他的精神所在的那個位置。嚴格說來，對他的創作所做的任何國學復古派的、小布爾喬亞的、市儈現實主義（某週刊主編所代表）的評斷，實質都是一種批評的歪曲。

　　木心的寫作，沒有朝著地獄和人間污穢向下沉降，像他崇敬的莎士比亞或陀思妥耶夫斯基所做的那樣。他聽命於抒情詩小宇宙的指令和節律，融合他的天性與背景，走出一條探索人的主觀實在性的路子。

　　他架設起通往虛無的微觀世界的橋樑，似乎認為，在這個趨向於主觀實在性的提煉過程中，今天的作家仍可寫出自己充滿洞察和啟示力的篇章。而這也同樣需要超凡的力度。摒棄前人那種對於感性實在性的投入，把精神和理性本身當作現實的東西來看待，當作觀察的對象和寫作的題材，這個工作的向度是絕不能夠用悲觀來加以認知的。它可能會因此而失去某一類層次的讀者，但是相比之下，它獲得的意義也不可估量。

　　從目前最為現實的觀點來看，木心的做法打破了文化傷感的懷舊和臆想，超越了文學的自我沉淪和哀歎。他憑一己的赤誠與寫作，為文學的才智和精神自由樹立了標杆。

　　這是出現在我們身邊的一個充滿活力和傳奇的精神現象。是文學的心靈。

　　他的創作，只有置之於歌德所預言的「世界文學」的範圍，才具有價值的評斷與比較的必要性。另一個方面，也只有從當代中國文化特殊的現實出發，才能積極地去認知他的美學與實踐的意義。

　　木心的身上似乎攜帶著不止一部文學史的章節線索，而作為抒情詩一個有機體的存活發展的案例，他的創作又顯然包含了一部陸地進化的歷史。

十八

《瓊美卡隨想錄》的「後記」是該集中最長的一篇，初讀頗令人覺得怪異。

作者於散步途中偶遇一個殘障老人，於是幫助他上坡，推動二輪購物車，繼而又是脅肩攙扶，幾乎摟抱在一起，喘息移動，亦步亦趨，告別時還留下手背的唾液，那種氛圍是陰暗怪異的，還隱約透著冷感的幽默。文章中段就在描寫這種瑣屑的生理性感覺，給人的印象很深刻。文章開頭是作者援引的一則告誡：「當某個環境顯得與你相似時，便不再對你有益。」結尾回到這則告誡：「瓊美卡與我已太相似，有益和無害是兩回事，不能耽溺於無害而妄思有益。」於是作者最後說：「我將遷出瓊美卡。」

難解的倒不是那則告誡——它應該是來自於〈人間的食糧〉的主人公對於納塔納埃爾的興奮傾訴。這句話哪怕是懂得不多也可當作已經領會。也不是作者和殘障老者的那種關係的寓意，這一點文章已經闡釋得很清楚了。是這半篇敘事的題旨，放在《隨想錄》的結尾作為「後記」的總結，讓人總感到有點耐人尋味。

它講述自我的遷徙，精神的霍然痊癒，暗示著過去和現在的種種關聯。文章的題旨簡練明斷，但也隱約地指向於某種虛無。

不妨就從那則告誡談起。

作者從〈人間的食糧〉中汲取告誡，恐怕不止一次了，就像他的遷徙似乎從未停頓過。想必在年輕時他就熟讀紀德的這本書，日後的遷徙途中一直將它帶在身邊。書的主人公對納塔納埃爾熱情洋

溢的傾訴，後來就慢慢變成對於他的傾訴。這場傾訴的熱度是一直不變的，長期聆聽的那個人則不可能不變。於是他繼續聆聽，也要不時的與之發生爭辯。這也許就是一本書和一個人的關係，或者說是彼此相異的命運。書的主人公發燒或者殘疾，可以一直發燒，無須痊癒，因為這便是他神聖存在的一個意義。然而，讀書的那個人就不同了。他會變得不再年輕。他要受制於事物變化的無情法則。或許就是在長期的病患之後霍然痊癒，開始用一種新的眼光看待書中的那個角色。那個人無疑是永遠年輕，永遠發燒，而且體溫的度數驚人，似乎難免要使人覺得憂鬱。從現在的某個角度看，那個人滯留於陸地進化的那個環節上，依舊那麼神聖，但似乎也不復使人攜手流連。

《瓊美卡隨想錄》是一部隨感集，也是抒情詩的一個變體，或者說是內在抒情的臨界點上一種超越和斷決。也許，只有緊貼著這個虛無的內核，才會有臨界點上抽絲剝繭的冷峻的揭示，環繞於自我的現在和過去。這本書是他創作的一個部份，寓示他成熟之年的一個標誌──終於溶入鹽的那一份鹹味和剝蝕。

這也是漫遊者的靈魂試圖朝向光源的一場運動，它超越殘疾也包含殘疾……

是的，陸地和遷徙。也是死亡和新生，不停息的運動。一個抒情詩人漫長的遊歷，包含著那種內在的必然性。從雪山冰凍的祭獻，無眠的暗夜，戰慄和崩潰，直到那鹹濕的海洋的風清醒的吹拂。周而復始，不會停息。

我們在前面的小節當中曾試圖描繪藝術家的肖像。是一幅中年的肖像，紐約的工作室，收穫的季節，歲月成熟的力量，如其詩中

所述——「夏季的樹，沉靜，像著作已富的哲人」。那麼，還有年
輕時應該更具有抒情性的那幅肖像呢？

　　這個人，作者也已經在作品裏描繪過了，〈竹秀〉、〈戰後嘉年
華〉等等。是暗淡的蠟燭光照亮的側影，一個虔誠的不諳世故的求
道者。繪畫，文學，音樂，哲學……他不甘沉淪，心有所繫，似乎
總是獨自一人長途跋涉。

　　他說：初讀米開朗基羅傳記，使他渾身戰慄……

　　還有〈此岸的克利斯朵夫〉中的那位年輕人，他的難以交割
的隱衷。那些剖白給人留下難忘的印象。他對自己也是對友人表
白說：

　　我沒有命運。

　　我這個自己還不像自己，何必談它。

　　……

　　沒有命運，那麼甚至也可以沒有名字。或者可以有很多名字，
很多命運。

　　詩人或許只須擁有那樣一雙眼睛。看到他於陸地的遷徙途中看
到的各種人群，看到他看到的灰塵景色和青澀年月。南方無名的角
落，碼頭渡口，城市積雪的路燈，那遺忘的記憶，「那臉，淡漠如
休假日的一角廠房」……還有那種「人們都感覺不到的郵局的淒慘
神奇」……異地寧靜的街道上，美國午後的驕陽下，彷彿是從《詩
經》的無名氏文學中轉世輪迴的男女愛欲……

　　是的，正如我們從他的作品中所看到的那樣，他個人的經歷引導他穿越四周廣袤黑暗的「世俗意識的噩夢」（索洛維耶夫語），穿越歷史和暴力的重重囚禁，垂落下不朽的視線。

　　就如神的眼睛掠過大地，從世紀的初端掠過了終端，那束光芒不會磨滅。

寫完於 2007 年 12 月 6 日

此文原載於《文景》2008 年第 1、2 期合刊，收錄於《讀木心》（孫郁、李靜主編），廣西師範大學出版社 2008 年。

後 記

　　本書選出近五年來撰寫的二十篇談論外國文學的文章，結成一個集子，按照長短書評、譯後記和學術論文分為四輯，附錄是一篇關於木心創作的評論。以集中〈批評的抵制〉一文標題做書名，未必算得上切題，大體是想表達筆者的一個職業立場，即，對於學院目前流行的文化批評不甚贊同，希望文學評論和研究回歸於文學本體，對作家創作多一份關注，不能僅僅從是否有用的角度出發鑒定敘事。在〈批評的抵制〉一文中，通過賽義德的個案，筆者闡述了這個方面的意見，這裏不贅述。

　　此書有幸在臺灣首度出版，借此機會與學界同行和讀者朋友交流一點讀書心得，這是讓筆者感到高興的一件事情。如果能讓彼岸的讀者來檢視，在文革特殊環境中長大的中國人對於西方文學的反應，或許也不是沒有一點參考價值。文章能夠代表近年來筆者對文學的看法；將這些發表過的文字編選成集，也深感時光流逝而難以彌補，總的說來，匯集在這裏的工作成果還是未能更好地表達自己的認識和想法。

　　集中長短文，曾在《外國文學評論》、《外國文學研究》、《中國圖書評論》、《書城》、《文景》、《嘉源閒話》、《南方都市報》、《都市快報》等期刊報紙上發表，有兩篇曾入選 2008 年度和 2009 年

度《中國隨筆年選》（花城出版社）。筆者對發表這些文章的編輯深表謝忱。

　　《書城》編委、作家李慶西先生，多年來亦師亦友，殷勤提攜。幾篇發表於《書城》的文章，經他之手推薦斧正，有時也代為擬立標題。借此機會向他表示感謝。

　　李靜、費虹寰夫婦，在擔任《中國圖書評論》編委期間，屢相索稿，勉力推介。沒有他們的支持，有些文章就不會寫成。將這些文章編選成集，也是緣於李靜的督促和建議。對於他們兩人的熱誠相助，筆者深表感謝。

　　最後要感謝臺灣秀威出版公司的編輯和工作人員，他們為此書出版付出的勞動。

　　本書經由李靜大力推薦，得到蔡登山先生慷慨支持，與彼岸陌生的讀者朋友見面。衷心希望讀者朋友批評指正。

許志強

2010 年 4 月 10 日寫於首爾東國大學

國家圖書館出版品預行編目

批評的抵制：2005-2010 年書評論文自選集/許志強著.
-- 一版. -- 臺北市：秀威資訊科技, 2010.07
面； 公分. -- (語言文學類；PG0374)
參考書目：面
ISBN 978-986-221-477-0 (平裝)
1.書評
011.69   99008140

 語言文學類　PG0374

批評的抵制：
2005-2010 年書評論文自選集

作　　者 / 許志強
主　　編 / 蔡登山
發 行 人 / 宋政坤
執行編輯 / 蔡曉雯
圖文排版 / 鄭佳雯
封面設計 / 陳佩蓉
數位轉譯 / 徐真玉　沈裕閔
圖書銷售 / 林怡君
法律顧問 / 毛國樑　律師
出版印製 / 秀威資訊科技股份有限公司
　　　　　台北市內湖區瑞光路 583 巷 25 號 1 樓
　　　　　電話：02-2657-9211　　　傳真：02-2657-9106
　　　　　E-mail：service@showwe.com.tw
經 銷 商 / 紅螞蟻圖書有限公司
　　　　　台北市內湖區舊宗路二段 121 巷 28、32 號 4 樓
　　　　　電話：02-2795-3656　　　傳真：02-2795-4100
　　　　　http://www.e-redant.com

2010 年 7 月 BOD 一版
定價：320 元

讀 者 回 函 卡

感謝您購買本書，為提升服務品質，煩請填寫以下問卷，收到您的寶貴意見後，我們會仔細收藏記錄並回贈紀念品，謝謝！

1.您購買的書名：_____

2.您從何得知本書的消息？

　　□網路書店　□部落格　□資料庫搜尋　□書訊　□電子報　□書店

　　□平面媒體　□ 朋友推薦　□網站推薦 □其他_____

3.您對本書的評價：(請填代號　1.非常滿意 2.滿意 3.尚可 4.再改進)

　　封面設計____　版面編排____　內容____　文/譯筆____　價格____

4.讀完書後您覺得：

　　□很有收獲　□有收獲　□收獲不多　□沒收獲

5.您會推薦本書給朋友嗎？

　　□會　□不會，為什麼？_____

6.其他寶貴的意見：_____

_____

_____

_____

讀者基本資料

姓名：_____　年齡：_____　性別：□女 □男

聯絡電話：_____　E-mail：_____

地址：_____

學歷：□高中(含)以下　　□高中　　□專科學校　　□大學

　　　□研究所(含)以上 □其他_____

職業：□製造業 □金融業 □資訊業 □軍警 □傳播業 □自由業

　　　□服務業 □公務員 □教職　□學生 □其他_____

To：114

台北市內湖區瑞光路 583 巷 25 號 1 樓

秀威資訊科技股份有限公司　　　收

寄件人姓名：

寄件人地址：□□□

秀威與 BOD

BOD（Books On Demand）是數位出版的大趨勢，秀威資訊率先運用 POD 數位印刷設備來生產書籍，並提供作者全程數位出版服務，致使書籍產銷零庫存，知識傳承不絕版，目前已開闢以下書系：

一、BOD 學術著作—專業論述的閱讀延伸
二、BOD 個人著作—分享生命的心路歷程
三、BOD 旅遊著作—個人深度旅遊文學創作
四、BOD 大陸學者—大陸專業學者學術出版
五、POD 獨家經銷—數位產製的代發行書籍

BOD 秀威網路書店：www.showwe.com.tw
政府出版品網路書店：www.govbooks.com.tw

永不絕版的故事·自己寫·永不休止的音符·自己唱